THE FABULOUS DECADE

令人惊艳的十年

二十世纪九十年代的宏观经济经验与教训

[美] 珍妮特·耶伦 [美] 艾伦·布林德 著 巴曙松 白海峰 等译 巴曙松 审校

法律出版社 LAW PRESS·CHINA

著作权合同登记号
图字: 01-2013-8402

致　谢

本书作者为书中运用的数据模拟感谢大卫 · 雷弗施耐德、克里斯 · 瓦维瑞斯以及乔尔 · 普拉肯的支持；感谢乔治 · 阿克洛夫、斯蒂文 · 布劳恩、艾伦 · 克鲁格、艾利西亚 · 穆奈尔以及罗伯特 · 索洛的有益的评论；感谢苏塞丽娜、梅根 · 麦克纳利，以及莱恩 · 爱德华兹的协助研究。

耶伦特别感谢罗素 · 赛奇基金会的研究资助。

目　录

译者序

内部的局外人(Inside Outsider):
耶伦对九十年代美国经济繁荣的政策反思

在国际金融市场的一片好奇、关注和猜测之中,珍妮特·耶伦女士(Janet L. Yellen)接替伯南克,成为美联储百年历史上的首位女主席。

一、内部的局外人

如果详细看看耶伦的简历、主要的研究成果等资料,我们不难发现,还有许多值得一提的事情。耶伦在1990年代历任美联储理事(1994 ~ 1997)、克林顿总统的经济顾问(1997 ~ 1999),可以说耶伦女士是美国1990年代经济繁荣时期货币政策和金融政策制定的主要研究者和参与者之一，而在与布林德合作写作本书时，耶伦女士站在一个学者的立场，试图去反思和分析这一时期的诸多经济金融现象之间的复杂关系，阐释经济政策的逻辑并对不同假设进行推演，同时对当时的经济学界的观点和评论进行了回顾与总结，对不同假说逐一进行了事后的检验与评价。在这一系列学术研究基础上，形成了耶伦女士对美国1990年代美国经济繁荣的总结与反思。

亲身参与实际决策的研究者，在回归研究界之后的总结和反思，之所以格外有参考价值，主要是因为实际参与决策的过程，让研究者能够接地气有实感，不至于局限于书房中的纸面工作；从实务界回归研究界也使这种反思和分析更为独立，也可以从事后政策评价者的角度来进行系统的梳理和分析，找到经济政策的内在逻辑。何况这位研究者现在又重新回到第一线的决策者位置，那么，对此前一段时期的反思，就成了市场把握和了解这位经济学家经济金融思想的一个具有独特价值的资料了。

耶伦女士首先是一位经济学家，其次才是美联储的官员。中国有古语云："鸳鸯绣取凭君看，不把金针度与人"的说法，大意是说，意作为内行，往往只把"令人惊艳"的一面展现出来即可,个中奥秘则是不足为外人道也。而与此相对应的,英语中有内部的局外人(inside outsider)的说法,意思是由于在内部,所以能够洞察到更多的事实;又因为在局外,可以保持客观的立场。耶伦和布林德的这本书,应当说具有这样的趣味和视角,特别是在以内部的局外人的视角帮助读者了解当时经济繁荣时期的决策逻辑和政策思考方面,更是如此。

二、耶伦的经济学思想演变历程

耶伦女士能够在美国货币政策面临关键拐点之际,担任美联储主席这一重任,尽管对其中的理由有各种争论和不同的看法,但是有一点是共识,那就是:绝非幸至。过去几十年中她持续在美国的经济政策领域保持了相当高的参与度,获得许多联储以及政府官员的认同和尊重。她同时又有着扎实的经济学术功底,尤其是在就业和政策领域有不少得到学术界认可的研究成果,这是她能够从学术界走出来的基础之一。所以要想了解耶伦,我们必须系统梳理她数十年来在经济学方面的研究成果。

从1980年开始,耶伦女士一直在加州大学伯克利分校担任教授。在她伯克利哈斯商学院的个人主页上列举着她的研究领域和研究兴趣:失业与劳动力市场、货币及财政政策、国际贸易与投资政策。由此可见,“就业”和“货币财政政策”等是她投入精力最多的研究领域。这一点在她一系列的学术论文中也可以得到验证。在1980年代前后耶伦的颇多论文都集中于就业领域,其中包括了“失业的效率工资模型”(1984)、“从记忆中过滤出来的失业”(1985)、“在美国劳工市场的工作变动和工作满意程度”(1988)、“公平和失业”(1988)、“等待着工作”(1990)、“公平工资努力程度假设和失业”(1990)等等。在其中一些论文中,耶伦同他丈夫乔治·阿克洛夫(George Akerlof)一道提出了著名的“效率工资理论”(Efficiency Wage Theory)。该理论认为付给劳动者高于市场的工资会提高生产效率,对于雇者来说是利大于弊的选择。效率工资理论的新奇之处在于和新古典经济学经典均衡工资理论看起来似乎是相悖的。依照经典均衡工资理论,劳动力市场最终供需平衡,均衡工资就是市场出清的工资水平。在此框架下,失业根本不会发生,因为劳动力的供大于求会使的雇主压低工资水平。然而,在耶伦夫妇的“效率工资理论”框架下,雇主宁愿提高工资而激励士气,提高效率,于是使得实际工资高于均衡工资,失业问题由此存在。“效率工资理论”一定程度上为刺激性的货币政策的必要性奠定了基石,正因为失业有其合理的存在,才需要在政策端有所作为,通过提高总需求来解决失业问题。有意思的是,“效率工资理论”的灵感来源于耶伦夫妇在1980年代初喜得贵子之际决定以更高的工资来招聘保姆,以使幼儿得到更好的照顾。此举不仅使得招聘启事吸引了众多求职者,也使得耶伦夫妇突发灵感并改变了他们在就业研究方面的假定。耶伦的丈夫乔治·阿克洛夫教授于2001年获得了诺贝尔经济学奖,他思维活跃,与内敛的耶伦正好互补,很多著作都由他们二位合作。他们的儿子罗伯特最终也成为了成果卓著的经济学家。

2004年耶伦与阿克洛夫曾合著了在学术界颇有影响的论文:“稳定性政策:一个反思”(*Stabilization Policy*: *A Reconsideration*)。如果说“效率工资理论”为新凯恩斯主义的合理性提供了一定的基础,则该论文进一步体现出耶伦将如何把新凯恩斯主义运用于美联储的货币政策之上。这篇论文与罗伯特·卢卡斯(Robert Lucas)的论点针锋相对。卢卡斯质疑凯恩斯主义对经济运行的政策效果,他认为衰退和繁荣的净成本是零,使用政策来稳定经济和结束衰退是没有意义的。耶伦夫妇则论述了相反的观点:失业在经济衰退时比在经济繁荣时糟糕得多,就业在经济繁荣时期可以比在衰退时期带来更大的好处。这篇论文某种程度上反映了耶伦的政策主张:在失业率高企、劳动力与资本未能有效利用的情况下，稳定的货币政策可以刺激需求以改善就业环境。当前美联储以持续宽松的货币政策来刺激经济和就业的举措可以说和这一学术观点一脉相承。从1980年代提出“效率工资理论”到2004年发表“稳定性政策：一个反思”，两者之间的差别体现了耶伦对新凯恩斯主义的进一步思考。这一变化的来源可能来自于她事业经历的发展。1985年的耶伦还只是伯克利大学的副教授，但在之后的20年她历任联储理事(1994~1997)、克林顿总统的经济顾问(1997~1999)，以及旧金山联储的主席(2004~2010)。从学界的教授向政府决策参与者的身份转变使得这位新凯恩斯主义的代表人物对政策的积极作用产生了更强的信念。

本书所提到的“令人惊艳的十年”，也正是在耶伦联储任理事并在克林顿政府任经济顾问时期。1990年代美国经济繁荣的最被人称道的也是最直观的现象，就是美国赤字的大幅度削减：美国联邦预算赤字从1990年代初的2900亿美元逐年下降，下降到1990年代中后期的三四百亿美元，不足1990年代初期财政赤字的40%。有些学者认为，这是由于当时克林顿政府推行了一套行之有效的削减赤字为基础的经济发展政策。从经济学研究的角度看，但这显然更应该是结果而不是原因，因为政策的制定离不开当时的历史背景和大的经济环境。也有人将此时期繁荣归因于冷战结束后,美国国防开支地大幅降低;信息技术的迅速发展以及这个时期美国在双边贸易中,交替使用自由贸易与保护主义等等。这些原因初看有一定的道理,但逐一严格论证又会发现,以上几个原因都不足以支撑美国1990年代“令人惊艳”的经济数据。耶伦女士在这本书中用了大量的计量模型、历史沿革以及理论框架对此进行了分析,给予了带有耶伦特色的回答。

三、本书的内容要点

本书共分为十一个章节。两位作者对1990年代的美国经济进行了完整的回顾,并对1990年代整体经济状况有影响的主要财政和货币政策、政治事务和偶然事件都用特定的章节进行了分析。首先作者带我们回顾了1980年代里根政府在大幅减税及和平时期背景下,严重赤字所带来的后果。此时期,公共部门对经济的干预仍然非常多。财政赤字与紧缩的货币政策产生了共振和协同效应,为随后“令人惊艳的十年”,提供了一个新的时代背景。

接下来的十年,美国的经济政策方向进行了重大调整,两届政府虽出自两个不同的政党，但却都通过了类似的增税法案。随着一系列的预算案的通过，里根政府时期遗留下的巨大赤字逐渐转为盈余。对于这一结果的归因，作者提出了许多种解释，包括运气、货币政策、产业政策以及随后引起的产业重构等等。作者对“运气”进行了细致的研究。但作者没有对“运气”本身做较为笼统的归因，而是用 WUMM 和 FRB-US 宏观经济计量模型等工具进行模拟计算，将重点聚焦到不同时期的货币政策、产业政策以及结构转型等更为具体的可量化、可分析、可推演的研究对象。例如，作者把 1993 年的预算协议作为美国财政形势的转折点，深入探讨了当时削减赤字的财政政策、宽松的货币政策、温和的通胀和积极的债券市场反应等等各个变量之间的关系，通过多种理论假设和逻辑推理，在过往研究理论的基础上，将过往一些孤立的解释和一些模糊的归因逐一进行验证，最终整理出一套逻辑上自洽和有一定说服力的理论框架，尝试解释了那一时期“令人惊艳”的经济现象。作者依靠他们的学术逻辑，论证了在这十年里美国政府和美联储到底做了哪些对经济有益的政策决定（而不仅仅是依靠好运气），并且由于两位作者本人当时也部分扮演着政策制定者和参与者的角色，因此他们还在书中向读者还原了这些政策制定的过程中的内部逻辑和环境背景。读两位作者对1990年代美国经济的解读,其实是为了真正了解那“令人惊艳”十年的原因和政策方法的可复制性。设想政府可以在提高医疗和养老等福利的基础上,又将教育、公共服务等同时改善,且维持稳定的通胀和良好的就业,保持稳健的经济增速,这种看似“鱼与熊掌”不可兼得的事情,如果曾经在同一时期真实发生过,那么对这一期间发生的每一个关键政策、政治事件和偶然因素的严谨论证,对研究财政政策和金融政策都有启迪。这也是耶伦和布林德这本著作的实践价值所在。

四、组织翻译和校对本书的期望

从2010年开始,耶伦开始了她联储副主席的职务;时至今日,耶伦已开始了她在美联储主席位置上的各项职责。虽然美国经济复苏的势头已初露端倪,但她所面临的环境并不比前任伯南克轻松。QE的削减虽已按部就班地展开,但是失业率的快速下降却使得前瞻指引框架必须做出大幅的调整。引导市场对升息的预期、协调美联储公开市场操作委员会(FOMC)中鸽派和鹰派官员们的观点,以及在加息展开后如何维持金融系统的稳定都将是落在耶伦肩上的挑战。

巴菲特在2014年的股东大会上强调,伯南克在应对金融危机中的政策是卓有成效的，可以说是应对金融危机的英雄，但是这样大规模的量化宽松和应对金融危机在美联储历史上也是没有先例的，因此，这场大戏如何收场，现在谁也难以预料。

很显然，量化宽松的大戏收场的责任，就落在耶伦身上。展望未来，耶伦需要从一位“偏于鸽派”的美联储副主席进一步转变为协调各方政策预期的美联储主席。从副主席到主席，一字之差，往往可能不可以道里计，前者的职责，可以更倾向于自己的理念，而后者则需平衡各方观点。相信耶伦女士多年积累的学术功底、丰富的管理经验都会有助于完成这一系列艰难的任务。这位美联储百年历史上首位“女船长”将如何掌舵联储这艘巨舰，自然成为美国乃至全球金融市场关注的一个重要内容。

而通过这本书，读者可以更多地了解耶伦女士思想逻辑，引发新的思考。

本书的翻译由我主持和组织，与白海峰博士共同进行翻译协调和统稿校订工作，我对全书进行了审校。巴曙松、白海峰、张悦、路扬、樊燕然、余芽芳、郑伟一、高扬、高英、刘晓依、岳淑媛等参与了初译，初译之后又经过了多轮交叉校订与统校，以及从语言、专有名词等各方面的修订。整个翻译过程历时半年，译者希望通过翻译本书，使得中文读者可以考察现任美联储主席耶伦对美国经济“令人惊艳的十年”的回顾与反思。专业金融著作的翻译是一项并不容易的工作,因为水平所限,难免出现疏漏与不足,还望广大读者在阅读的同时不吝批评指正,以便我们不断改进提高。

是为序。

巴曙松

国务院发展研究中心研究员

中国银行业协会首席经济学家

哥伦比亚大学高级访问学者

前　言

要理解20世纪90年代后半期美国经济增长到底有多强劲，最好的方式也许是回顾一下当时的分析师投入了多少精力来预测那次繁荣的结局。大量对于经济衰退是采取“软着陆还是硬着陆”的预测，都有一个共同的特性，即这些预测都似乎反映出一个潜在的信念——当时的经济已经繁荣到了令人难以置信的程度。有些人将此称为“金发女孩经济”（Goldilocks economy）——经济既不太热，亦不太冷，刚刚好。民主党人将此归功于克林顿政府的政策，一些共和党人则尽力将此解读为20世纪80年代里根总统的政策的滞后成果。也许经济形势大好的原因并不简单，但是有一种说法很少受到争议，即政策与好运的联合作用为大多数美国人创造了良好的经济环境。

实际上,在可预见的未来,20 世纪 90 年代后五年美国的繁荣很有可能是衡量经济表现好坏的绝佳标准。在那一时期,平均经济增长率达到了 4%,生产率增长方面,1973 年至 1990 年平均增长率仅为 1.4%,而 20 世纪 90 年代后半期几乎是这个数字的两倍;到 90 年代末失业率已从 1992 年的 7.8% 降到了 4.1%;与经济学家普遍认为的在繁荣期通胀率通常较高相反,通胀率仅为 2.9%。当然,最受瞩目的但也许也是最没有用的统计数据是道琼斯指数,从 1990 年的不足 3000 点飙升到了 2000 年的超过 11700 点。

未来很多年,经济专家很有可能为了这些统计数据的意义展开激烈的争辩。经济发展状况不仅与 20 世纪后 20 年迥然不同,也证实了持怀疑态度的少数派的观点,即高就业、高增长和低通胀是可以并存的。

由于 20 世纪 90 年代的经济表现引发的疑惑如此之多,世纪基金会和罗素·塞奇基金会开展了一项联合研究以探究从这十年经济中可以学到的经验,尤其是低失业、低通胀和高增长意想不到的共存。我们有幸请到了诺贝尔经济学奖得主、麻省理工学院名誉教授罗伯特·索洛(Robert Solow)和普林斯顿大学本德海姆金融中心的经济学和公共事务学教授、《经济学展望杂志》(*The Journal of Economic Perspectives*)的编辑艾伦·克鲁格(Alan Krueger)来担任此项研究工作组的联席主席。索洛和克鲁格集结了一群优秀的经济学家来进行研究,就一系列的论文话题展开探讨,特别是对造成20世纪90年代经济表现的劳动力市场政策和其他经济政策进行了研究。之后,这些论文将会独立成册出版。除此之外,罗伯特·索洛正计划将小组的研究成果集结成书,奉献给广大的读者。

作为整体工作的一部分,该工作组的两位成员——他们都是20世纪90年代在经济政策制定中扮演关键性政府角色的杰出经济学家——答应详细描述他们对经济走势的独家内幕观点和对造就“黄金十年”(golden decade)的政策的看法。一位是艾伦·布林德(Alan Blinder),他是普林斯顿大学的经济学教授,曾效力于克林顿总统第一届任期的白宫经济顾问委员会(the Council of Economic Advisers),1994年至1996年年初担任美国联邦储备系统理事会(the Board of Governors of the Federal Reserve system,以下简称美联储委员会)副主席。另一位是珍妮特·耶伦(Janet Yellen),她是加利福尼亚大学伯克利分校(the University of California at Berkeley)的工商和经济学教授,曾于1994年至1997年在美国联邦储备委员会(Federal Reserve

Board）任职，后担任克林顿总统第二届任期末的白宫经济顾问委员会主席。在本书接下来的篇章中，两位作者将与读者深入而坦率地交流对 20 世纪 90 年代整体经济状况有影响的每一个财政和货币政策、政治事务和偶然事件的看法。这些探讨很重要，对今后美国的经济研究和政策制定都有潜在而重要的启示意义。

为了帮助读者了解当时的状况，两位作者带领读者回顾了 20 世纪 80 年代大幅减税及和平时期背景下出现的前所未有的赤字所带来的后果。尽管里根政府言辞上反对政府的管控举措，但有些奇怪的是，公共部门对经济的干预仍然非常多。由此形成的不寻常的财政状况与一些美国历史上最紧缩的货币政策产生了激烈的碰撞，而紧缩的货币政策被认为是治愈 20 世纪 70 年代后期能源和商品驱动的通货膨胀所必需的特效药。

到了 20 世纪 90 年代，政策方向发生了重大转变，老布什总统和克林顿总统都签署了重要的增税法案。之后，克林顿政府成功制定了一系列预算案，将巨额赤字戏剧性地扭转为巨额盈余。这一时期，从美国国会预算办公室（Congressional Budget Office）预测的大幅修订之中，可见盈亏转变之大。例如，国会预算办公室 1997 年预计 2001 财年赤字为 1670 亿美元，而三年后则预测2001财年会盈余2350亿美元。(由预测数字的巨大反差可见,国会预算办公室预测今后十年甚至更长时间内,要求大幅减税或者大幅增加开支的提案会大大减少。)更难以置信的是,有些分析家甚至开始思考政府完全偿清债务、公众手中没有美国国债时会产生什么样的后果。

对于这一切而言,运气起到了举足轻重的作用,但凡谈及20世纪90年代繁荣的原因,都不可避免地要提及这一因素。布林德和耶伦对此做了细致的研究。过分夸大运气环境的作用对分析来说可能是危险的。20世纪90年代制定的政策对促进增长、降低通胀有着深远的影响。当然,如果想要获取对未来有真正启示意义的经验和教训,我们需要研究在这十年里我们做对了什么,而不是仅仅寄托于好运的再次降临,此外还要记住政策制定者选择什么政策的过程并不简单。20世纪90年代的税收已经是征收有度、花费有限,这向金融和商业部门以及国外投资者表明,国家的财政政策已经与巨额赤字时期截然不同了。至于货币政策,美联储对保持远高于预期的增长率表现出了令人吃惊的意愿。在此过程中,中央银行表现出了异乎寻常的灵活性,即便是在失业率从6%到5%再到4%的一降再降之时仍保持扩张性政策。

总的来说,也许20世纪90年代最有趣的事情就是,这十年的经济表现证明了我们以往对经济增长最乐观的判断都显得太过悲观。这对于我们今后应该如何构建经济发展的蓝图和评判政策都会产生重大影响。在经济潜在增速较高的情况下,如果维持经济以较慢的速度增长,就需要更加充分的理由。如果我们掌握了维持20世纪90年代前所未有经济繁荣的方法,那么我们国家所面临的很多紧迫问题都会迎刃而解。例如,我们既可以为社会保障(Social Security)和医疗保险(Medicare)提供资金,又可以满足教育和基础设施改善的要求。这并不意味着我们可以避免经济的周期性波动——仍然会存在经济上行期和下行期——也不是说我们不需要努力而任由命运去主宰美国经济的发展。但是,也许我们可以更大的自主性去决定美国这艘经济巨轮的航向,我们可以做出或好或坏的选择。布林德和耶伦的这本重要的著作就是要帮助我们理解这一点。

理查德·C.莱昂内埃里克·华纳

一、引　言

就宏观经济来看,20 世纪 90 年代,尤其是后五年,是美国取得卓越成就的历史时期(详见表 1.1)。在 20 世纪 90 年代早期,没有人能够预言这个十年是自 20 世纪 60 年代以来最令人惊艳的十年。通货膨胀在 1989 ~ 1990 年期间骤然上升,经济在 1990 ~ 1991 年期间遭遇衰退,1992 年美国大选时民意调查显示美国人对经济前景相当悲观。但所有这一切在接下来的几年中都得到了惊人的扭转。

失业率于 1992 年 6 月达到十年峰值 7.8% 后稳步下行,并最终在 20 世纪 90 年代末下探至 4.1%,这是自 20 世纪 60 年代以来的最低水平。除了优异的就业表现之外,通货膨胀率[以过去十二个月的消费者价格指数(CPI)计]于 1990 年 10 月和 11

月达到十年峰值 6.3%，到 1999 年 12 月已经下探至 2.7%。在 20 世纪 90 年代末，人们愈发达成一种共识，即美国的劳动生产率增长速度在经历了二十多年徘徊于 1.4% 上下的时期之后得到提振，并且这种提升可能是可持续的。①

美国经济为什么会发生这些奇妙的事情？它们是如何发生的？好的政策、好的运气以及历史发展的铺垫究竟是如何组合在一起综合发生作用，从而为经济的转好奠定了基础？我们是否可以期待这种经济的转好能够持续下去？最为关键的是，我们应该从这段历史时期中汲取哪些经验和教训？在接下来的篇幅将涉及诸多未解的疑惑。

表 1.1　十年间经济表现

	1990 年代	(1990 年代后 5 年)	1980 年代	1970 年代	1960 年代
实际国内生产总值(GDP)增长率(%)[a]	3.2	(4.0)	3.0	3.3	4.4
失业率(%)[b]	5.8	(5.0)	7.3	6.2	4.8
通货膨胀率(%)[c]	2.9	(2.4)	5.1	7.4	2.5

① 此处以及全文(除特殊注明外)我们使用的是最新修正后的数据而不是当时公布的数据。根据当时的数据，劳动生产率增长趋势约为 1%。

a. 前一个十年最后一个季度到本十年最后一个季度的平均复合增长率，经过季度调整处理并年化。

b. 每一个十年 120 个月的平均居民失业率。

c. 前一个十年最后一个十二月到本十年最后一个十二月的消费者价格指数平均复合增长率，经年化调整。

资料来源：GDP 增长数据来源于美国商务部经济分析局（Bureau of Economic Analysis）；失业率和通货膨胀率等数据来源于美国劳工部劳工统计局（Bureau of Labor Statistics）。

二、背　景

历史事件的跨度有时与其名称并不完全吻合。就经济史而言，奇妙的“六十年代”大致从 1962 年左右开始到 1973 年左右结束。类似的，不愉快的“七十年代”大约从 1973 年下半年一直延续到 1983 年左右。一如既往，就宏观经济事件而言，“九十年代”可以说是从 1992 年或者 1993 年开始，现在看来似乎结束于 2000 年（但在本书写作之时盖棺定论为时尚早）。

在 1992 年的总统大选期间，谁也没想到九十年代美国经济的状况将如此美妙。时任州长的比尔·克林顿（Bill Clinton）的著名竞选口号“问题是经济，笨蛋”（It's the economy, Stupid）生动形象地描绘出了选民对经济状况的普遍不满也为竞位者（即与现任总统竞争下一任总统职位的人）创造了极佳的政治机会。

试想:

• 1990～1991 年衰退之后的复苏不但从历史标准来看非常微弱,而且在复苏的早期具有显著的"无就业复苏"特征。从 1991 年 3 月衰退的低谷到 1992 年 10 月,非农就业人数仅仅增加了 61.1 万人,折合每月仅增长 3.6 万人(与复苏常态下每月约 25 万人的非农就业增加值形成对比)。此外,惨淡的非农就业增加数值中有超过一半的岗位是政府部门提供的。不但就业人数没有增加,许多拥有工作的美国人显然也为保住他们的饭碗而担忧不已。

• 实际工资的惨淡境况已经持续多年。虽有误导性却被广为引用的数据显示,当时平均实际工资增长已停滞超过 25 年。[1] 尽管上述数据显然有误,但真实情况也好不到哪里去:劳动生产率和实际工资从 1973 年开始就停滞不前。并且在 1992 年之前的 10 年间,实际工资的增长速度甚至赶不上劳动生产率的缓慢

---

① 美国劳工部统计的实际平均工时工资在 1973 年至 1993 年之间几乎下降了 14%。但是出于以下的两个主要原因,上述数据有一定的误导性。使用旧版本的 CPI 指数会导致过度平减,且将附加福利排除在外,后者往往比工资涨得快。在这 20 年间,包括附带福利并使用新 CPI 进行平减的实际工时报酬增长了 17%。

增长。[1]

• 由于自 1980 年以来收入不平等现象愈演愈烈,实际工资数据的中位数甚至比平均数更加糟糕。[2] 因此,一个“具有代表性”的普通工人的处境比平均数据所显示的更为艰难。

• 庞大且不断增长的联邦预算赤字引发了普遍的焦虑。这种焦虑不仅仅出现在对债券市场高度警觉的金融界,对于公众也是这样。这开始被视为政府能力下降的信号。

实际上,美国经济并没有老百姓当时想象的那么糟糕。1992 年四个季度的平均经济增长率为 4% 。通货膨胀在经历了

---

① 根据当时的数据,非农产业每小时产出的年平均复合增长率是1.3% ,而实际报酬的年平均复合增长率仅为 0.6% 。根据现在的数据,上述两个数字都会增大,分别是 1.9% 和 0.9% ,但两者之间的差距却更大了。为什么劳动生产率和劳动报酬之间会存在这么大的差距? 原因之一是非消费品和服务(如投资品)的价格上升的幅度小于消费品。单单这个因素就能够解释上述差距的 50% ,用非农产品隐含平减指数平减的名义劳动报酬的年增长率上升到 1.5% 。剩余部分可以由加价行为解释。

② 美国经济政策研究所(Economic Policy Institute)的计算显示真实工资的中位数(经适当平减处理,而非总报酬)在 1973 年至 1993 年之间下跌了 5% 。在二十分位数水平,上述指标下降幅度更大(−9.4%);在八十分位数水平,上述指标上升了 3.6% 。参见劳伦斯 · 米舍尔(Lawrence Mishel)、杰瑞德 · 博斯坦因(Jared Bernstein)以及约翰 · 施密特(John Schmitt):《美国劳工状况研究(2000 ~ 2001 年)》,康奈尔大学出版社 2001 年版,第 124 页,表 2.6。

1989 年到 1990 年超过 6% 的短暂高企之后已经被压低到 3% 左右。但由于比尔 · 克林顿一直拿经济问题大做文章,这些数据都无法慰藉时任总统乔治 · 布什(George Bush)。选民的看法才是最为关键的。当年 9 月中期一份《华尔街日报》和美国国家广播公司电台(NBC)联合进行的民意调查显示,高达 86% 的美国人认为美国经济仍处在衰退中,这个数字非常惊人。而当时距离经济衰退的低谷已经整整 18 个月了。高达三分之二的受访者认为不管正确的道路是什么,反正美国正“走在错误的道路上”。[①] 大选前几天,《今日美国》(*USA Today*)报道:60% 的选民认为经济状况正在恶化,而仅仅 28% 的选民认为经济状况正在改善。[②] 公众显然错误地判断了经济的形势,经济的的确确在好转。但是上述对经济的误读的的确确对布什总统的选票产生了很大影响。类似公众对经济的看法滞后于真实状况的情况并不少见;而这次,复苏早期阶段就业量增长的异常疲弱可能助长了公众的错误判断。

---

① 尤金 · 卡森(Eugene Carlson):“1992 年大选:当选民仍然看空经济时,乐观迹象浮现”,载《华尔街日报》1992 年 9 月 18 日版,第 A6 页。

② 杰西卡 · 李(Jessica Lee)和鲍勃 · 明泽斯海默(Bob Minzesheimer):“统计数据支持布什的言论”,载《今日美国》1992 年 10 月 27 日版,第 6A 页。

更重要的是,造就“令人惊艳的十年”的三大支柱已经就位——更紧缩的财政政策、更宽松的货币政策以及促使美国商业更加精简灵活的产业结构调整。下面我们从财政政策说起。

1990 年预算协议

1990 年的预算协议在当时是有害的,之后更被证明是缠绕在老布什总统颈间的政治包袱。老布什在 1988 年作为总统候选人时曾做出过著名的承诺:“不加税”。但在 1990 年,布什总统向民主党提高税收降低赤字的诉求妥协了。尽管这一协议给总统带来压力,它却标志着联邦政府在财政最终实现可观盈余的这条道路上,迈出了重要的第一步。不幸的是,当时的观察家们并不那样看。相反,他们看到的是尽管有所谓的削减赤字“一揽子”计划,预算赤字仍然在增加。上述原因使 1990 年的预算协议看上去有点糟糕,并且被过早地、不公平地宣布为失败的预算协议。

实际上,1990 年之后预算赤字不降反升的主要原因和预算协议的失败完全无关。主要原因有以下两个:(1)1990 ~ 1991 年的衰退将 1991 ~ 1993 财年的年度赤字水平增加了 1600 亿美元(根据国会预算办公室估计);(2)储贷危机遗留下的巨额成本——在 1990 财年和 1991 财年平均每年超过 600 亿美元。但上述这些真正的原因被忽视了。相反,看上去难以避免的赤字上升以及残留的里根主义对加税的强烈反对,给 1990 年预算协议留下了一个坏名声。

预算协议中还包括一个被忽略的重要法案——1990 年的《财政预算执行法》(Budget Enforcement Act,简称 BEA)。这一看似枯燥的流程创新在当时几乎没有受到重视,但后来这一法案却具有重大的影响力。1990 年之前,国会试图通过格莱姆—罗德曼—霍林思(Gramm-Rudman-Hollings,简称 GRH)法案将减少赤字的主导权握在自己手中。格莱姆—罗德曼—霍林思法案是一个五年项目,在 1985 年首次实施,失败后在 1987 年又被修订,在该法案下,国会为每一年度的预算赤字设定具有法律约束力的目标。如果国会未能通过立法程序达到当年的赤字目标,"自动减支"将通过等比例减少各类支出迫使赤字达标。

格莱姆—罗德曼—霍林思法案的核心问题在一开始就为经济学家所明晰,后来国会议员也愈发意识到这个问题的重要性,即法案为一个国会无法控制的内生变量——预算赤字——设定了目标。国会能够并且控制的有:(1)税率和税法的其他条款;(2)福利项目金额以及申请资格确认的规则;(3)用于年度拨款项目的可选支出总额(只是预算的小部分)。《财政预算执行法》恰好巧妙地使整个国会的注意力都集中在了这三项上。

和格莱姆—罗德曼—霍林思法案的方式类似,可选开支每年也受到“上限”的限制,但又同该法案有重要的不同:可选开支的上限所依托的变量是国会能够控制的。税收和福利被打包归入一个单独的称为“现收现付”(pay-as-you-go,简称 PAYGO)的资金池里。在《财政预算执行法》下,国会的任何一个成员如果提议减税或者增加福利支出,就有义务同时提出相应的增加收入或者削减其他福利项目的补偿性举措。换言之,针对现收现付部分覆盖的预算——明显是预算的绝大部分——新法规要求预算在边际上达到平衡。但是由诸如经济形势之类的变化导致的预算内生变化不会引起任何政策反应。

新方法奏效了。与格莱姆—罗德曼—霍林思法案下国会屡次改变赤字目标但却一再突破不同,《财政预算执行法》建立了国会有能力并且也在实际遵守的规则。事实上,1990 年建立的这个执行机制在之后的数次预算之争中对约束开支起到了至关重要的作用。这些预算执行机制一直执行到 2002 财年。

产业重构

产业重构也许比 1990 年的预算协议更为重要。[①] 截至 1992 年,美国已在"精简"(虽然这种说法有误导性)的艰难道路上取得相当的进展,并已远远走在了世界其他国家的前面。[②] 为什么产业重构首先发生在美国,并且在美国进行得最为深入?这是一个值得深入研究的问题——但本书不会涉及。我们就简单地提两点原因。原因之一是美国一直以来奉行比欧洲或日本更为旗帜鲜明的资本主义。在美国,裁员几乎不存在任何法律障碍,政府并未通过监管手段提高裁员的难度,甚至社会对裁员行为的非难也不多。欧洲和日本的传统,在这些方面——尽管最近有所改变——仍然和美国有着显著的区别。

---

① 然而,企业通过裁员瘦身对劳动生产率的积极作用常常被夸大且这种作用并不一定存在。例如,详见马丁·贝利(Martin Baily)、埃里克·贝塔斯曼(Eric Bartelsman)和约翰·霍尔蒂万格(John Haltiwanger):"企业瘦身和劳动生产率增长:事实抑或神话",载 D. G. 梅斯(D. G. Mayes)主编的《二十世纪八十年代劳动生产率增长源泉》,剑桥大学出版社 1995 年版。

② 上述用词可能有误导性,原因是从 20 世纪 80 年代后期到 90 年代早期,除了制造业外的平均企业规模并未下降。裁员公告吸引了公众极大的注意力,但总裁员数量总是大大超过净裁员数量的。不过,那段期间就业市场确定非常躁动不安。

原因之二是在这个背景下甚少被提及的汇率变动。美国产业的调整是从1981年到1983年的严重衰退开始的,在美元被极度高估的压力下,产业调整从20世纪80年代中期开始获得进一步的动力。超级美元使得美国商品在国际市场上缺乏竞争力,美国公司在国际竞争中岌岌可危。正如约翰逊博士(Dr. Johnson)所预计的那样,这个问题费了他们极大的精力。在之后的生存斗争中,优胜劣汰下来的企业减少冗员,进行瘦身,进而变得更为高效。竞争力差的企业逐渐消失。上述两个变化提高了美国企业的效率,尤其是对于受汇率影响最严重的制造业部门。

与此同时,美国的金融体系也在很大程度上进行了重构。20世纪80年代,引爆储贷危机的坏账问题扩散到商业银行(银行自身也犯了一些错误)。同时,银行倒闭数量创出了自从联邦存款保险制度建立以来的新高。因此,1990年到1991年出现经济衰退时金融体系受到重创,导致金融体系处于几十年来最为糟糕的状况。脆弱的金融体系反过来给经济复苏造成了严重阻力。(详见第三章)

产业和金融重构的困难时期必然有其黑暗的一面:失业蔓延全国,劳动者感到无力和不安。然而,也许是残酷的产业达尔文主义最后使美国企业瘦身成功。我们在第六章中还将具体讨论,由于备受经济创伤的工人对推动工资上涨不那么积极,可能使美国经济面临更有利的菲利普斯曲线(Phillips Curve)。

从大约 1992 年或者 1993 年开始,在廉价美元滞后效应的推动下,美国企业开始收获之前重组投资的硕果。由此,美国经济进入了一个新的阶段,经济重点转向更为高效而不是更为精简。上述过程不断推进,直到 1992 年美国劳动者面临的严酷环境逐渐演变为一种新的、劳动生产率更高的产业环境。在这个环境中资本家能获得更高的利润而劳动者拥有了更多的就业。随着经济的复苏,美国企业已做好把握新机遇的准备。

美国管理协会(American Management Association)关于裁员的年度调查报告可以简单直观地从数字上反映出这种转变。每年,美国管理协会都会询问其会员在过去的一年内是否减少雇员(总裁员数和净裁员数),如果有减少,裁员数量是多少。表 2.1显示了一组样本的结果。[1] 将图 2.1 中第一列报告净裁员的

---

① 表中数字来自美国管理协会多期年度出版物,这个出版物多年来数次更名,现在的名称是“美国管理协会《人员编制和结构调查》”。出版物名称的变化也揭示了一些信息:在 1991 年,该报告的名称是“美国管理协会《裁员和下岗工人援助调查》”。

公司百分比和第二列中上述企业平均裁员人数的百分比相乘即可得到第三列对美国劳动力市场整体萎缩程度的总结评估。我们可以很清晰地看到，劳动力市场从 1992 ~ 1993 年时间段到 1994 ~ 1995 年时间段已显著改善。调查中代表性企业[①]在 1990 年中到 1993 年中的三年内平均每年裁员 4.5%，而在 1994 年中到 1997 年中的三年内平均每年裁员数仅为 2.5%。

表 2.1　美国管理协会企业裁员调查

	(1)	(2)	(3)
十二个月截止月	报告裁员的企业百分比	上述企业平均裁员百分比	(1)×(2)
1991 年 6 月	43.8	11.4	5.0
1992 年 6 月	36.0	10.5	3.8
1993 年 6 月	32.6	13.9	4.5
1994 年 6 月	30.3	NA	–
1995 年 6 月	27.3	10.2	2.8
1996 年 6 月	27.9	10.4	2.9
1997 年 6 月	19.0	10.7	2.0

资料来源：美国管理协会，作者调研。

还有一份来自美国政府“失业工人调查”的数据，这是一组

① 遗憾的是，这并不是所有美国企业的一个随机样本。

随机样本,调查对象是工人而不是企业,结论差不多,只是在时间上略有不同。我们将上述数据制表汇总在表 2.2。表 2.2 显示失业率从 1993 ~ 1995 年期间到 1995 ~ 1997 年期间已显著降低(因为上述数据是三年平均失业率,1995 年同时属于两个时期)。[①] 无论哪种情况下,我们的基本观点是一致的:20 世纪 90 年代早期的劳动力市场萧条为之后的繁荣奠定了基石。

表 2.2 美国失业工人调查

三年期间(年)	失业率(%)
1989 ~ 1991	11.8
1991 ~ 1993	10.9
1993 ~ 1995	11.5
1995 ~ 1997	9.1
1997 ~ 1999	8.6

资料来源:亨利 · 法伯(Henry S. Farber):"美国失业状况研究:1981 ~ 1999 年",第 452 号工作论文,普林斯顿大学产业关系研究部,2011 年 4 月。

① 参见亨利 · 法伯(Henry S. Farber):"美国失业状况研究:1981 ~ 1999 年",第 452 号工作论文,普林斯顿大学产业关系研究部(Industrial Relations Section),2001 年 4 月。尽管样本是随机的,仍然有其他不足。首先,数据是以 3 年为最小变动单位的,因此很难将时间因素剥离。其次,如果公司辞退了员工现在的工作,但又把他调派到同一公司的其他工作岗位,也被定义为失业。而一般来说,这种情况不算失业。最后,法伯教授提供的表格数据仅仅包含年龄在 20 岁到 64 岁的人群。

货币政策

因为没有为一开始看似非常微弱的复苏提供更多的支持，美联储在 1991 年和 1992 年广受指责。事实上，乔治 · 布什责怪美联储主席艾伦 · 格林斯潘（Alan Greenspan）让他选举失利——可能真的也是这样。然而，截至 1992 年年中，美联储最终还是将联邦基金利率降到了 3%，和通货膨胀率水平基本相当。对于乔治 · 布什而言，为时已晚，但对助力后续经济扩张却还不晚。最为重要的是，美联储将联邦基金实际利率水平维持在零左右长达 18 个月，为经济提供了持续的、大剂量的刺激。

因此，当比尔 · 克林顿于 1993 年 1 月宣誓就职时，宏观经济成功的三大要素至少已经部分到位：

- 尽管当时没有认识到，但 1990 年的预算协议确实逆转了联邦预算赤字（占国内生产总值的比例）持续上升的危险趋势。
- 很多美国企业已经精简了结构并变得更有效率。此外，美元从 1985 年的高点逐步回落。两个因素都使美国产业再一次具备了在国际市场上的竞争力。
- 美联储将实际联邦基金利率降低到零，并且将脚稳稳地放在货币油门上。

请注意一开始我们提到的将要成为20世纪90年代的两大主题:政策组合向紧缩财政政策和宽松货币政策转向,以及美国产业效率的提升。然而,1993年之前的发展仅仅是一个开始。有必要采取果断的货币政策和财政政策来释放潜能,而劳动生产率在当时仍然没有看到加速增长的迹象。(事实上,1990年代前半期劳动生产率表现一直较弱。)而上述所有的因素在以后的年份里一应俱全,使得“令人惊艳的十年”经历了如此令人惊艳的经济繁荣。

三、时滞效应和美联储持续宽松的货币政策

如前所述，有人指责美联储在 1990 年至 1991 年衰退期及之后在降低利率上不够果敢。图 3.1 对比了 1990 年至 1993 年美联储的联邦基金目标利率（其主要货币政策工具）和通胀率（以前十二个月的消费者价格指数计算得到），有人将此作为指责美联储的依据。两条线之间的间距即实际的联邦基金利率，可以用来描绘货币政策松紧程度。[①]

---

① 默认使用 12 个月移动平均值作为预期通胀率的近似替代。联邦基金实际利率当然不是货币政策唯一可能的衡量标准。这个指标忽略了汇率、长期利率水平、股票价格等衡量金融状况的更广泛的指标。

图 3.1　联邦基金利率和消费者价格指数(CPI)通胀率

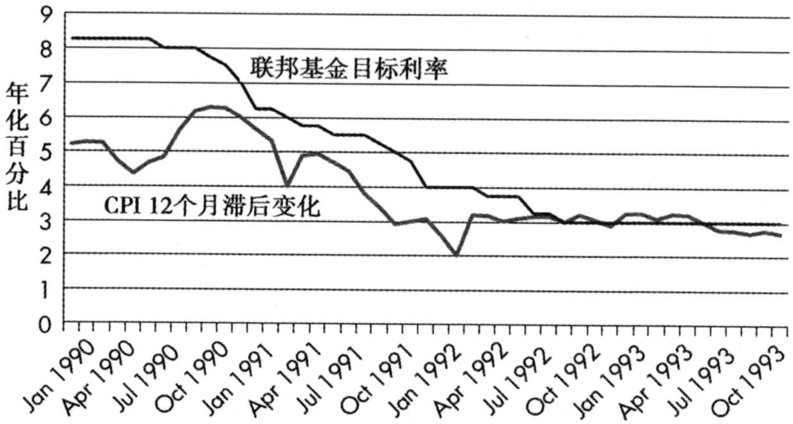

数据来源:美联储联邦基金目标利率来自美联储委员会;消费者价格指数通胀率来自美国劳工部和美国劳工统计局。

1990 年 7 月衰退开始之际,联邦基金利率位于自 1989 年 12 月起就保持的 8.25% 的高位。7 月 13 日的首次政策宽松开启了随后十个月的九次降息历程,这九次降息最终将联邦基金利率降到了 1991 年 4 月最后一天(衰退低谷前一个月)的 5.75% 。如图所示,这一时期的联邦基金实际利率从超过 3% 降低了到不足 1% 。在暂停了几个月仍没有看到明显的增长信号后,美联储于 8 月 6 日重启了降息,在该年年底将联邦基金利率又降到了 4% 。然而,由于通胀率自 1991 年起大幅下跌,联邦基金实际利率并没有降低那么多(实际上,某些时候还上升了)。到 1991 年年底,联邦基金实际利率仍在 1% 左右。美联储再次暂停降息逾三个月,以便准确把握经济脉搏、厘清复苏进程缓慢的原因。1992 年 7 月的最后一轮降息将实际联邦基金利率降至几乎为零。

在探索为什么经济对降息未有积极反应的过程中,美联储最终接受了"美国经济遭受着许多强劲'逆风',大多是金融逆风"这一观点。其中最主要的问题包括:脆弱的银行体系和大幅缩减的借贷机构,以及杠杆率过高的企业资产负债表和负债累累的消费者。当时,很多评论家认为银行业监管者——这些监管者已经被借贷机构的崩溃搞得焦头烂额,被国会指责在监管上过于松懈——迫使银行选择极尽保守的经营战略,对除了最安全的贷款以外的任何项目都心存疑虑。[①]

美联储在 1991 年至 1992 年年初对降息的过度谨慎很可能拖累了复苏进程,甚至反而帮了竞争对手比尔·克林顿的忙;乔治·布什总统一定是这么认为的。但是接下来发生的事情对于

① 最近的支持该观点的论据可参见艾伦·伯格(Allen Berger)、玛格丽特·凯尔(Margaret Kyle)和约瑟夫·斯卡利思(Joseph Scalise):"美国银行业监管是否在信用危机时变严格,在银行业繁荣时变宽松?其与银行信贷有何关系?",国家经济研究所第 7689 号工作论文,国家经济研究所,马萨诸塞州剑桥市,2000 年 5 月。

理解20世纪90年代的繁荣更加重要。美联储直到1994年2月都将联邦基金利率保持在3%的极端低位。因为这一时期通胀率也稳定在约3%的水平上,所以联邦基金实际利率在0%左右保持了约一年半的时间,可谓是超乎寻常的宽松货币政策。正如格林斯潘主席1993年9月在联邦公开市场委员会(Federal Open Market Committee,FOMC)会议上所说的那样,“我们终于找到了正确的解决之道并决定将其延续。”①请注意,他说的是“终于”。

这一剂药究竟效力如何?为了定量地回答这个问题,我们使用美国经济的两大宏观经济计量模型,即美联储自创的FRB-US模型和圣路易斯的宏观经济咨询机构(Macroeconomic Advisers)独家的WUMM模型。② 两个模型从根本上来说都是凯恩斯模型,认为物价和工资的粘性使总需求可以在短期内驱动实际产出,而菲利普斯曲线机制驱动工资和物价上涨。然而,

---

① 联邦公开市场委员会1993年9月23日会议记录,第36页。

② WUMM是Mashington University Macro Model(华盛顿大学宏观模型)的简称,它最初由时任美联储理事劳伦斯 · 迈耶(Laurence Meyer)提出。这里要感谢美联储的大卫 · 雷弗施耐德(David Reifschneider)和他的同事,以及宏观经济咨询机构的乔尔 · 普拉肯(Joel Prakken)和克里斯 · 瓦维瑞斯(Chris Varvares),他们根据各自的模型运行了模拟。

两个模型在关于长期的设定看属于古典经济学范畴,实际产出仅在短期内受财政和货币政策影响。两个模型在细节上有很大不同(如对预期的处理),尤其是在动态分析上(差异较大)。[①] 尽管大量诸如此类的宏观经济计量模型可以也正被用于预测,但我们认为它们其实最适用于模拟试验,本书也是如此应用它们。

我们分别用两个模型来比较实际情况和一个假设联邦基金利率从未降至4%以下的虚拟情景。因为事实上联邦基金利率从1992年第2季度到1994年第2季度一直低于4%,也就意味着模拟情景将联邦基金利率在连续九个季度里(1992年第2季度至1994年第2季度)都抬高了(6至100个基点),九个季度之后才与实际情况相同。具体结果如表3.1所示。

表3.1　1992~1994年紧缩货币政策的效果

偏离基准水平程度	模型	1993年第4季度	1994年第4季度	1995年第4季度	1996年第4季度
实际GDP增长(第4季度同比)	WUMM	-0.7	0.0	0.3	-0.2
	FRB-US	-0.7	-0.6	-0.2	-0.3
CPI通胀率(第4季度同比)	WUMM	0.0	-0.5	-0.5	-0.3
	FRB-US	-0.3	-0.6	-0.8	-1.0

① 大型经济计量模型本质上来说是非常高阶的差分方程。所以看上去细微的具体要求差别也会导致很大的动态差异。

续表

偏离基准水平程度	模型	1993 年第 4 季度	1994 年第 4 季度	1995 年第 4 季度	1996 年第 4 季度
失业率（差异）	WUMM	0.4	0.4	0.2	0.2
	FRB-US	0.4	0.7	0.7	0.9
联邦基金利率（差异）	Both	1.0	0.0	0.0	0.0

数据来源:作者计算所得。

这个表格以及之后的表格展示了标题所示的政策变化(例如此表中的“紧缩货币政策”)对三个变量的边际影响,即对实际国内生产总值的增长率、以消费者价格指数为代表的通胀率和失业率水平(的边际影响)。因此,例如,表格左上角的数字表示,根据 WUMM 模型,1993 年实际国内生产总值会由于更紧缩的货币政策而少增长 0.7 个百分点。

在评估此表格和后续表格的结果时,各位读者需要注意的是,货币政策的效果在 FRB-US 模型中更显著,该模型建模时期较长。表 3.1 最上方两行是我们将反复使用的模式的示例。尽管两大模型一致认为,如果美联储没有将联邦基金利率一降再降至 3% ,1993 年的实际国内生产总值增长率就会降低 0.7 个百分点(即增长率为 1.8% ,而不是实际的 2.5%),但是在此之后两大模型的模拟结果就不同了。两模型对 1994 年的国内生产总值增长率的模拟结果(与实际情况相比)分别是保持不变和降低0.6个百分点,(结果的选择)取决于你更信任哪个模型。在虚拟的情景中由于增速放缓(及由此引发的失业率升高),通胀率会降低。如果你将表格所示的通胀率缩减效果累加,(就会发现)到1996年第四季度物价水平会降低1.3或2.7个百分点。因此,紧缩的货币政策会导致实质性区别,尤其是在FRB-US模型中,1994年年末失业率将是6.3%,而不是5.6%。

四、财政转折点

——1993 年的预算协议

1993 年是美国财政形势的转折点。1992 年比尔·克林顿成功竞选总统期间，相比于乔治·布什，他似乎不太急于去解决令人厌烦的财政赤字问题。竞选双方都只是对显著增加税收或大幅削减开支的需求口头应付，因为这两种行为在政治上都可能导致竞选失败。当然，布什还要面对更大的麻烦：对曾经夸下的海口自食其言，"听好了，不加税"，以及 1990 年预算案实施的失利。就克林顿自己而言，他主张削减开支以及对高收入人群增加税收，同时对中产阶级采取刺激消费及减税政策。

然而，在 1992 年 11 月至 1993 年 1 月的过渡时期，尚未入主白宫的克林顿开始坚信,通过削减开支和增加税收来减少政府赤字将是他就职后压倒一切的任务。为什么呢?经济学家们当时给出了必须缩减预算赤字的两个主要理由。

第一个是传统的"挤出效应"观点:巨额预算赤字导致实际利率高企,进而会损害私人投资支出。经济学家们认为,政府可以通过减少赤字来促进投资,这将有利于提高劳动生产率,人们的实际工资和生活水平亦会随之提高。1990 年代的后期,在社会保障和偿付国债这两个彼此关联又看似不可兼得的问题辩论中,上述论点想必会非常突出。但在 1992 年和 1993 年,它并没有得到政客们太多的青睐——尤其是比尔·克林顿,他准确地意识到选民最关心的仅是三件事:就业,就业,还是就业。

相反的,另一个完全不同的观点或许说服克林顿选择削减财政赤字计划:如果赤字不能很快得到控制,很可能会引发金融危机,危及银行体系和股票、债券市场。相比学院派经济学家,华尔街的精英们恐怕更拥护这种"崩溃"观点——当然,这样的情况并不阻碍该问题的政治化。此外,值得注意的是,艾伦·格林斯潘也对这一观点表示赞同。由于金融危机的爆发必将引起经济衰退,这一恐怖故事使削减赤字可以"保住工作"这一路径更加合理化。尽管如此,认为削减赤字可以创造就业这种观点显然是典型的“反凯恩斯主义”(anti-Keynesian)财政理论:增加税收和/或减少政府开支可以增加产出和就业。相关内容我们将在本章后面详细为大家讲解。

不管出于怎样的考虑,克林顿决定从政治上和经济上豪赌一次——大幅度减少财政赤字,作为他上任后的第一项重大举措。

但其政治风险在于国会可能会否定他的“一揽子”预算方案,这将在一定程度上使得这个羽翼未丰的政府在最初的月份里步履蹒跚。毕竟,之前几年,国会并没有表现出任何增加税收或削减支出的政治倾向。尽管接踵而来的是对克林顿总统作为政治机会主义者的批判,但是这依然没有阻挡他选择于 1993 年削减赤字的步伐,因为他做了自己认为对的事情,即使承受政治抨击也在所不惜。如果不是这个原因,就是他意识到政治潮流即将发生转折。例如,罗斯·佩罗(Ross Perot)1992 年作为反对派参选就被大多数评论人员当作是转折的前兆。无论如何,一场令人担忧的政治灾难眼看就要发生了。预算案在国会参众两院投票中都仅以一票的优势侥幸通过,而且支持者中一个共和党人都没有。打破参议院 50 对 50 僵局的是副总统阿尔·戈尔

(Al Gore)的一票。

削减开支和增加税收的经济风险在于经济增长可能减速,除非美联储或者债券市场用降低利率的方式帮助经济摆脱困境。克林顿敏锐地意识到这两方面风险,但还是坚持削减开支和增加税收①。

1993年2月17日,新总统高调提出了经济计划,该计划可谓命运多舛,在国会审议过程中屡遭修改②。尽管如此,"一揽子"预算案最终通过了立法机构的层层审查,于1993年8月出台,提案整体上维持了克林顿原先的框架结构,只是削减赤字的总额略有提升。

1993年的预算协议刺激了债券市场,30年期债券收益率从1992年大选日到1993年10月一路下跌超过160个基点。虽然没有人可以解释清楚为什么市场会有如此反应,但是有观点认为,债券市场的复苏归功于克林顿计划的实施,这可从以下几个方面分析。

---

① 参见鲍勃·伍德沃德(Bob Woodward):《议程:克林顿白宫内幕》,西蒙和舒斯特出版社1994年版,主要参见第11章和第12章。

② 两个主要的例子是:克林顿提出了一个小型"一揽子经济刺激计划"作为避免再次陷入衰退的一种保险政策,被国会拒绝,还有就更广泛的能源税遭遇同样的情况。

首先是那时观察家的普遍观点。当时市场评论普遍认为赤字削减计划是市场反弹的主要甚至是唯一原因。在 1993 年 7 月（预算案通过前一个月）的联邦公开市场委员会会议上，格林斯潘主席向委员们说道："我不知道长期利率的回落多大程度上是由削减赤字的预期造成的。无论削减赤字这个政策是否是正确的，我都认为大部分是这个原因。"①

其次，图 4.1 是基于 1994 年 2 月《总统经济报告》（*Economic Report of the President*）上的一份图表整理得到的，此图以"事件研究"方法试图说明，1993 年 1 月至 1993 年 8 月期间，关于总统提案内容及整个立法过程的消息导致长期债券利率出现明显下滑。需要注意的是，债券市场利率是从大选之后的一个月，也就是新总统计划的报告开始泄露给媒体的时候，开始出现明显下滑的。其后克林顿总统宣布计划，接着众议院正式通过该计划（尽管做了很多修改），最后参议院和众议院共同审议通过会议报告，这些都显著地加速了利率下行。

---

① 联邦公开市场委员会 1993 年 7 月 6 ~ 7 日会议纪要，第 66 页。

图 4.1　10 年期固定期限国债收益率:1992 年 9 月 ~ 1993 年 12 月

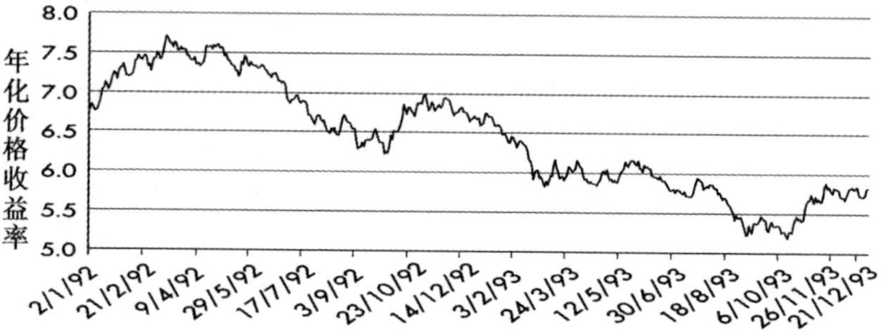

数据来源:美联储理事会。

最后,有人声称 1993 年债券市场反弹仅仅是延续了近年来长期债券利率逐渐走低的趋势而已,但这个观点未必可信。事实上,如图 4.1 所示,持续多年的利率下行在 1992 年 1 月戛然而止,长期利率在随后一年间上下波动且无明显规律。而且,1993 年 1 月的长期债券收益率与上年同期基本持平。债券市场直到 1992 年 12 月克林顿预算案的内容开始向外界透露才再次反弹。

因此,假设 1993 年的预算协议确实触发了债券市场反弹。这就至少出现了两个问题。首先,名义利率的显著下跌是否会导致实际利率的下降,或是引发预期通货膨胀下降?尽管没有人可以给出确定的答案,我们更倾向于将名义利率的下降大部分归因于实际利率水平的下降。为支持这种观点,许多资深经济学家一致预测将不会发生通货膨胀，理由是 1993 年 1 月至 8 月间的消费价格指数和国内生产总值两项的平减指数均无变化。但这只是对短期通胀的预测，而不是一般认为与债券利率相关的长期通货膨胀预期。

第二个更深层次的问题是：协议是如何成功赢得债券市场监督者支持的？这些人已被曾经“雾里看花”般的预算案锻造出极度挑剔的眼光，并且肯定不会倾向于信任一个新组建的民主党政府。我们认为造成这项提案不同寻常，并且旋即被整个金融市场所接受的原因主要包括以下五个方面。

第一，克林顿“一揽子”预算计划最初宣布的是 5 年 4730 亿美元（尽管国会预算办公室将其调低了），计划中削减赤字的力度远远超过了市场预期。如前文所述，克林顿在大选中并未强调削减赤字。他于 1993 年 2 月向国会提交的这份提案不仅因它的规模之大震惊了市场，并且在某种程度上还改变了政治辩论的论调。1993 年 2 月 17 日以前，增加税收和减少支出将肯定被视为政治失败者；减少预算赤字则被起了“根管经济学”（root-canal economics）的绰号。那天以后，针锋相对的争论集中到了如何削减赤字，甚至比克林顿提议的规模更大。比尔·克林顿如何将削减赤字从一个人们嗤之以鼻的政治话题转变成津津乐道的热点，至今都是一个谜。但是，他做到了！[①]

第二，新政府通过呼吁大幅增加税收宣告了其态度的坚决——主要是提高高收入人群的个人所得税率，同时对能源消费新设一个税种（即命运多舛的能源税法案）。乔治·布什已经为小幅提高税收付出了沉重的政治代价，所以在那之后新政府做出这样的决定也震动了债券市场。如图4.1所示，当财政部长劳埃德·本特森（Lloyd Bentsen）将政府计划新增能源税的消息“泄露”出去之后，市场立刻给出了剧烈的回应。

第三，新政府有针对性地拿原本不可触及的事开刀。其中最突出的是适度减少社会保障福利（通过提高应税福利数额来实现），从而触动了所谓美国政治的第三级。这也帮助克林顿证明其坚定削减赤字的诚意。

第四，新政府的首份预算绝不能要花招和会计造假，虚假的预算对于市场而言，刚开始也许可以引起一些期待，但是随后只会引起公众的厌恶。此外，即使是克林顿时期最苛刻的评论都几乎没有说过削减赤字是靠弄虚作假实现的。这个削减支出和

---

① 如前文所述，一些人认为这一过程始于罗斯·佩罗（Ross Perot）。

提高税收的提案被公认是货真价实的[①],进而赢得了提案所亟需的信任。

第五,克林顿采取的一个伎俩起到了反作用,他采用了似乎“对自己不利”的预算账目,这一点令人吃惊。尤其是在一场简短但是激烈的内部辩论之后,克林顿的经济团队决定以国会预算办公室的测算为基础制定预算案,即使这一测算相比自己原先的方案可能更悲观[②]。总统亲自做了这个决定,他非常清楚这样做不仅会提高预算赤字的预测值,而且比他的预算案削减的赤字要少。

综上所述,提案的这五个方面使克林顿计划散发出一种极高的可信度,特别是考虑到一个事实,即新政府尚无旧账可查。利率立即大幅下跌(请再次参见图 4.1)。从 1993 年 1 月至 10 月,债券市场最终反弹程度超过 150 个基点,人们对此都惊呆了。尽管人们并不认为这是引发投资热潮的唯一原因,但很有可能

---

① 然而,批评家认为提高高收入者的税率并不能增加多少收入。例如,可以参见马丁·费尔德斯坦(Martin Feldstein):“克林顿扩大赤字之路”,载《华尔街日报》1993 年 2 月 23 日版,第 A-20 页。

② 1992 年至 1998 年间累计经济增长(与预算总额相关),国会预算办公室的预测要比政府的预测低约 1.4%。参见白宫的《美国大变革》,1993 年 2 月 17 日版,第 25 页,表 3-2。

给整个经济打了一剂强心针。

这剂强心针的药效如何？我们用前述的两个计量经济学模型去模拟债市反弹的效果，但是不巧的是，它们得出了截然不同的结果——尽管这主要是时间的问题。（见表 4.1）在每一个反事实模拟中，我们通过假定 10 年期政府债券收益率维持在 1992 年第四季度的水平（即 6.74%）直至 1994 年第一季度，以此来消除债券市场反弹的影响——然而事实上它已经低至5.61%。WUMM 模型显示长期债券利率水平对 GDP 有着快速、强烈的影响，但上述影响很快便会消失。因此债券市场反弹被判定为使 1994 年第四季度失业率降低了超过 0.6 个百分点，但是在 1996 年第四季度之后就不再起作用。FRB-US 模型显示，长期债券收益率的下降效应表现得更为缓慢，但是更持久。根据这个模型，债券价格上升使 1994 年第四季度失业率只降低了 0.4 个百分点，而对 1996 年第四季度失业率则降低了 0.6 个百分点。两个模型中债券市场反弹对实际 GDP 水平的最大效应都是 1.5%，只是这项数据在 WUMM 模型中表现的时间要早上一年——因为债券市场反弹促使 1993 年经济增长率增加了整整 1 个百分点。这可不是微不足道的影响。简言之，当时美国经济因为债券市场得到了尽管短暂但是显著的提振①。

表 4.1　1993 年债券市场反弹效应测算

偏离基准水平程度	模型	1993 年第 4 季度	1994 年第 4 季度	1995 年第 4 季度	1996 年第 4 季度
实际 GDP 增长（第 4 季度同比）	WUMM	1.0	0.2	-0.5	-0.6
	FRB-US	0.6	0.7	0.0	-0.1
CPI 通胀率（第 4 季度同比）	WUMM	0.3	0.3	0.4	0.3
	FRB-US	0.1	0.1	0.1	0.5
失业率（差异）	WUMM	-0.3	-0.6	-0.3	0.0
	FRB-US	-0.1	-0.4	-0.6	-0.6
十年期国债收益率（差异）	Both	-1.13	0.0	0.0	0.0

数据来源：作者计算所得。

这一插曲引出了一个发人深思的学术问题：在何种情况下，如何使我们通常认为的紧缩性财政政策产生扩张性作用？这一时期宏观经济学家普遍的观点是认为货币政策可以抵消财政手段在总需求方面产生的任何效应，因此采取扩张还是紧缩的财政政策关系不大。依照这种观点，克林顿削减赤字方案不应该产生所谓预期中的经济下滑。但是也不应该缔造一场突如其来

① 值得注意的是，在 WUMM 模型中，1995 年和 1996 年的 GDP 增长率有所回调。

的繁荣。

也许,有一种混合理论,尽管和正统理论有所出入,从经验方面可以更好地解释 1993 年发生的一切。具体来说,有如下假定[①]:

1. 长期利率与未来短期利率预期的加权平均值大致相等——这就是所谓的利率期限结构的预期理论。

2. 每个时期的短期利率是由美联储的货币政策(决定银行存款准备金的供给水平)和名义货币需求水平(决定了货币的需求水平)共同决定的。

3. 已公告的财政政策变化涉及未来而非现在。所以在支出上不会有立竿见影的效果。

4. 市场参与者预期中央银行会采取措施来抵消未来财政政策对于总需求产生的影响。

基于以上假设,在其他条件不变的情况下,未来具备公信力

---

① 参见史蒂芬·托洛维斯基(Stephen J. Turnovsky)和马库斯·米勒(Marcus H. Miller):"政府支出对利率期限结构的影响",载《货币、信贷和银行杂志》(*Journal of Money, Credit and Banking*)1984 年 2 月第 1 期,第 16 ~ 33 页;以及奥利维尔·布兰查德(Olivier Blanchard):"当前和预期的赤字、利率及经济活动",载《欧洲经济评论》(*European Economic Review*)1984 年 5 月至 6 月刊,第 7 ~ 27 页。

的增加税收或削减开支措施将导致市场预期未来会有不同的政策组合——宽松的货币政策和紧缩的财政政策——而不会对总需求产生任何净效应。这也就意味着将调低对未来短期利率的预期,但是不会产生暴跌的情形。利率期限结构的预期理论将用来解释未来短期利率的降低是如何导致即期长期利率下降,从而刺激经济的。

虽然上述分析有内在逻辑,不过和1993年的事件又不完全一致。比如,上述分析认为美联储计划抵消财政政策对于未来需求的影响,但并没有设法抵消对当前需求的影响。说到底,至少克林顿削减赤字计划对支出的一些负面效应会立即显现,就如同债券市场迅速反弹一样。那为什么美联储不去设法消除呢?一种可能是美联储在刺激经济这件事上遇到了麻烦,因此债券市场反弹从而刺激经济是其愿意看到的。这很可能是真的。但这明显是向认为美联储可以逐期调控总需求的简单想法泼了一盆冷水。还有另一种说法,正如我们很快就会看到的,1993年联邦公开市场委员会会议纪要中反复提及削减赤字计划对总需求可能产生抑制作用——再加上一句:削减赤字计划可能引起债券利率的降低从而对经济有刺激作用。

此外,至少当时一些观察者,尤其是反对克林顿计划的共和党人士预言,税收增加会导致经济萧条。批评家们认为这就是长期利率下降的原因。但这些反对者不仅大错特错,而且属于极少数:1993 年 8 月(此时预算协议已经通过),资深经济学家一致预测 1994 年的实际增长率将达到 2.8%,高于当时的趋势增长预测。

另一个未经深思熟虑就被抛出来的理论,认为调低对国家债务未来走势的预期将会降低政府债券利率的“风险溢价”。这种理论可能在很多国家都是行得通的,尤其是那些依靠外汇进行公共债务融资的国家。但是当我们将这个理论推理运用到美国时,我们不禁要问,削减赤字究竟降低了什么风险?是国债违约么?对于美国这个答案并不合理。是未来通货膨胀么?这取决于美联储的财政赤字货币化倾向,这种可能性似乎很低。任何情况下,调高通货膨胀预期都可能提高名义利率,同时降低实际利率。

回答这一问题,可能需要我们重提之前讨论过的金融风暴的情形。假设市场担心持续增加的国债(尤其是增速快于 GDP 增长的时候)可能最终导致金融危机。当债务呈现减少的趋势时可能会缓解对上述问题的担忧,从而降低实际利率的风险溢价。

最后,还有一种决定性的非理性预期的假说。假设市场预期克林顿计划将随即引起经济下滑,但是美联储却令人难以置信地阻止了下滑的发生。对未来经济衰退的预期激起了债券市场反弹,从而刺激了1993年的美国经济,尽管没有真的出现衰退。然而,任何人想要运用这个理论去解释1993年8月发生的事件,都必须回答这样一个棘手的问题:确切地说出美联储是何时开始运用足够宽松的货币政策来避免经济衰退的?记住,美联储在1993年始终维持利率稳定,然后于1994年2月至1995年2月期间积极地提高利率。

我们最认可的解释是,时机和政策上异乎寻常的巧合促成了市场心理的根本改变。这个时机很恰当:克林顿的当选标志着里根和布什两任共和党总统共十二年任期的结束,人们期待变革。公众和市场两方面都接受这样的变化。政策也很恰当:我们之前论述过"一揽子"预算方案深受市场欢迎。所以债券市场反弹强劲。无须赘述,这不是一个可以任意复制的模式。反过头来,较低的债券利率激活了整个经济。美联储观察整个事件的演进过程,对市场的强烈反应有些惊讶,进而决定控制需求。

从这个角度考虑,另一个有趣的"反事实"问题出现了:如果时间退回到美联储最终将脚从货币油门上挪开并开始提高利率的时候，克林顿削减赤字方案是不是导致了宽松的货币政策？无论是经济原因还是政治原因都可能导致这样的迟滞。政治上的原因很明显：那些厌恶巨额预算赤字的中央银行家愿意鼓励政治家减少赤字。在某种程度上，格林斯潘及其前任保罗·沃克尔(Paul Volcker)都经常向政治家兜售其主张。经济原因就比较直接了：财政紧缩将很自然地导致寻求稳定的中央银行去实施宽松的货币政策。然而，在这样的情况下，债券市场反弹有力地推动了经济向前发展，这样美联储感到必须要有所回应。

这真的在 1993 年至 1994 年的美国发生了吗？也许真的悄悄发生了。但是在一份对 1993 年联邦公开市场委员会会议纪要的详细解读中揭示，会议仅仅零星地提到了一些紧缩的财政政策要伴随着宽松货币政策的想法。比如，在 1993 年 3 月的会议上，旧金山联邦储备银行总裁罗伯特·帕里(Robert Parry)表示："大部分看过克林顿计划的人都认为这将会使未来几年的美国发生经济衰退"①。5 月份的会议进一步明确了这一联系，约翰·拉韦尔(John LaWare)州长断言："这份(预算)提案……本质上

① 参见联邦公开市场委员会 1993 年 3 月 23 日会议记录，第 6 页。

是紧缩政策,这逃不过任何一个聪明的旁观者的眼睛。过早的采取紧缩政策将对经济增长产生恶劣的影响,甚至可能降低对预算约束的热情。"①

但是联邦公开市场委员会的其他成员不是在思考债券市场反弹的影响,就是在担心货币政策的决定与财政政策捆绑得太过紧密。1993 年 2 月的会议上,在普遍预期将大幅削减赤字但最终白宫并没有提出议案之时(债券市场在流言的刺激下反弹),副主席大卫·穆林斯(David Mullins)警告说:"即使我们有可靠的赤字削减计划以及长期利率下降趋势,也并不表明我们应该用降低短期利率作为回应,因为长期利率的下行本身就有刺激经济的作用。"②9 月,当"一揽子"计划被写进法案,克利夫兰联邦储备银行总裁杰瑞·乔丹(Jerry Jordan)却反对实施该计划,并警告说:"未来的货币政策与没有'一揽子'财政政策下采取的货币政策是不一样的"。因为在这种情况下"由于财政制度的原因,货币政策会不断进行调整"③。

总的来说,联邦公开市场委员会会议纪要并未对财政制度

① 参见联邦公开市场委员会 1993 年 5 月 18 日会议记录,第 28 页。

② 参见联邦公开市场委员会 1993 年 2 月 2 ~3 日会议记录,第 27 页。

③ 参见联邦公开市场委员会 1993 年 9 月 23 日会议记录,第 5 页。

延长了宽松货币政策期限的观点提供太多支持。尽管如此，据说格林斯潘在若干年后和克林顿总统谈到："如果你没有打开财政局面，我们也不可能施行当时那样的货币政策"[①]。无论如何，事实摆在眼前：美联储异常宽松的货币政策时期持续到1994年年初，首个克林顿预算计划预示着大幅度的财政紧缩政策。财政货币政策组合的不断调整还在继续。

---

① 参见鲍勃·伍德沃德：《艺术大师：格林斯潘的美联储和美国经济繁荣》，西蒙和舒斯特出版社2000年版，第221页。

五、1994 ~ 1996 年，美联储引导经济软着陆

1993 ~ 1994 年冬季，美国经济持续强劲增长了两年多的时间，[①]失业率一度下降到 6.5% 左右并还在继续下降，美联储决定是时候将联邦基金实际利率调整到零利率水平之上了。尽管直到 1994 年 2 月初美联储才首次加息，联邦公开市场委员会（FOMC）早在几个月之前已就上调利率达成共识。在 1993 年 12 月联邦公开市场委员会会议上，19 位委员中有 6 位认为美联储应尽快着手加息——其中两位委员还对时任美联储主席艾

---

① 从 1991 年四季度至 1993 年四季度，平均实际增长率为 3.2%。

伦·格林斯潘延迟加息的建议提出了反对意见。[①] 这种强硬的鹰派立场(hawkish attitude)与11月召开的公开市场委员会会议相比,发生了巨大逆转,当时几乎无人再对格林斯潘保持利率不变的主张提出异议。美联储向外界明确地表明了它的态度。

这一举措并非毫无道理。当时的美国经济增长速度远高于外界测算的趋势增长率,同期测算的产出缺口也表明经济已经没有多少闲置产能了。[②] 然而当时的联邦基金实际利率一直固定在零利率水平——充分表明了美联储极度宽松的货币政策立场。在当时的环境下,经济似乎有超调的可能,尽管通货膨胀率并没有上升,美联储仍决定采取"先发制人"的行动抑制通货膨胀苗头。

联邦公开市场委员会将在1994年2月会议期间加息已成定局,而格林斯潘不得不尽最大努力说服委员会,阻止基金利率的过度攀升。通常来说只要你试着读过一篇公开市场委员会的会议记录,你就会发现它们实在枯燥无趣,可是这次会议却充满了

---

① 其余4位持有异议的人中,2位在会议最后的投票中弃权,还有2位阐述了各自反对意见后转为支持主席。以上及其他诸如此类关于联邦公开市场委员会的会议内容来自公开出版的记录。

② 当时对自然失业率(NAIRU)的普遍估计在6%左右,美联储工作人员估计的数据比这个要高一点,而1994年2月的美国实际失业率为6.6%。

戏剧性。按照惯例格林斯潘主持召开了这次的例行政策圆桌会议,提出将联邦基金利率上调 25 个基点,并提出“对称指令”(即未来既有可能加息也有可能降息)。一开始,16 位委员中,只有 10 位代表进行发言,[①]其中仅有 4 人对他的提议表示了赞同,另外 6 人认为提升 50 个基点是更为明智的选择。在关键时刻,这位美联储主席打断了圆桌会谈并试图力挽狂澜:“我想告诉大家的是,如果我们今天加息 50 个基点,市场极有可能会崩溃,我认为这是一个极为不明智的决定。”[②]在格林斯潘任职生涯中,这种打断激烈的争论并插话的情况极为罕见。然而他只说服了原本不同意其观点的 6 位委员中的 2 位站到了他这一边——使最终的“民主投票”以 10 票赞成上调 50 个基点,仅 7 票(包括主席在内)赞成上调 25 个基点的结局收场。

此时格林斯潘提出了口头警告,几乎坚持希望委员会能够全票通过他的提案。他声明:“如果委员会现在加息 50 个基点我会非常担心,因为市场并没有预期到这一点……我可以告诉你们——我也观察过市场——现在绝不是恰当的时机……我请

---

① 此时的美联储理事会有两个空缺席位,随后将由本书的两位作者就任。

② 参见联邦公开市场委员会会议记录,1994 年 2 月 3～4 日,第 53 页。

求大家不要这么做……我们接下来要做的事情世界其他国家肯定不会愿意看到,如果在这个阶段我们的委员会还是未能达成一致我会十分忧虑。如果外界都认为我们不团结,那么我们这个委员会行事就冒着极大的风险。”①随即,公开市场委员会的每位委员都投票赞成了主席的提议,这是联邦公开市场委员会历史上最具有误导性的“全票通过”之一。

在白宫,克林顿总统却因为格林斯潘和他的同僚大胆提升利率的行为而面色铁青,因为这项决定距离他艰难通过的削减赤字计划相隔仅仅六个月。但是政府中的经济学家们把加息视为必然和恰当的举措;唯一的问题就是何时加息,幅度是多少。他们劝告克林顿不要公开批评美联储的政策,克林顿也谨慎听取了意见——对美联储采取不干涉政策(hands-off-the-Fed policy),最终在他执政期间也几乎没有干预过美联储政策。在此之前,几乎没有一任总统像他一样对美联储如此宽松。

---

① 参见联邦公开市场委员会会议记录,1994 年 2 月 3 ~4 日,第 55 页。

图 5.1 经济软着陆

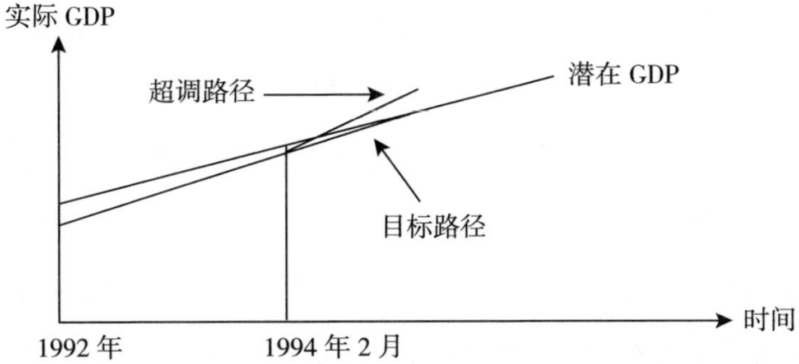

在当时的背景下,需要注意的是,美联储 1994 年的初衷并不在于为了降低通货膨胀而激进地使经济放缓至充分就业水平之下。事实上,公开市场委员会中的鹰派代表反复抱怨,委员会总是满足于稳定经济,而不是降低通货膨胀率——这一政策在他们看来并不适合当时的情况。[①] 然而格林斯潘和大部分公开委员会成员却试图在保证充分就业的条件下(即 6% 的失业率)寻求所谓的经济软着陆,正如图 5.1 所描述。如果他们的计划成功了,美联储就能将通货膨胀率维持在理想的 3% 左右。

---

① 这一意见随后被概括为"投机式制止通货膨胀"策略,即防止通货膨胀率飙升并把握机会(如有利的供给冲击或偶然的经济衰退)降低通货膨胀率。参见阿萨纳西·欧菲尼德斯(Athanasios Orphanides)和大卫·威尔科克斯(David Wilcox):《投机式制止通货膨胀策略》,金融经济研究论文第 24 号,美联储理事会,1996 年。

换句话说,美联储试图将联邦基金利率提升到“中性”的水平。[①] 但是什么样的利率水平是中性的?由于格林斯潘宣布美联储初次加息之时并未提及具体的数字,公众对于这一问题的争论相当激烈。起初美联储自己也想知道中性利率是否会低至1%左右,这就意味着名义联邦基金利率在4%左右。[②] 但有一件事是清楚的:当利率开始上升之后,公开市场委员会也不知道中性利率会在什么水平。在1994年4月公开市场委员会的会议上,格林斯潘建议以4%~4.5%的名义利率作为中性利率。[③] 到7月,公开市场委员会委员估计的中性(名义)利率已经上升到5.25%。[④] 但纽约联邦储备银行总裁威廉·麦克唐纳(William McDonough)在9月的会议上建议将4.75%的利率水平作为中性利率。[⑤] 这些估测将中性利率的区间设在4.25%~4.75%之

---

① 我们采用艾伦·布林德的货币中性定义,参见《中央银行学理论与实践》(*Central Banking in Theory and Practice*),麻省理工大学出版社1998年版:中性的联邦基金利率是当其自身所有时滞都显现出来后,利率依然保持稳定,既不会刺激通货膨胀率上升也不会使之下降。

② 参见1993年12月联邦公开市场委员会会议记录中美联储理事维尼·安杰尔(Wayne Angell)和首席货币经济学家唐纳德·科恩(Donald Kohn)的发言。

③ 参见联邦公开市场委员会会议记录,1994年3月,第44页。

④ 参见联邦公开市场委员会会议记录,1994年3月,第15页

⑤ 参见联邦公开市场委员会会议记录,1994年3月,第39页

间(因此真实利率在1.25%～2.25%之间),似乎反映了不确定性的水平。这个重要参数目前还无法确定。

有两种显而易见的方法可以估算中性联邦基金实际利率。第一种方法就是直接应用定义,在给定其他相关变量水平的条件下,通过计量经济模型解出能够使通货膨胀率稳定在一定水平上所对应的实际短期利率。当然,这种计算方法对模型本身的细节特别敏感,不同的模型会得出不同的结论。它也反映出各种其他变量,诸如政府开支和出口,也会影响中性利率水平。所以中性利率会随着很多因素的变化而变化。美联储的一位经济学家们做过一项研究,使用美国联邦储备委员会的模型测算出在1994年美联储开始实行紧缩性货币政策之前,联邦基金利率仅仅略低于中性利率,其后于1994年年初上升到中性利率水平——格林斯潘认为这或多或少是处于紧缩周期的早期(后来他并不这么认为)。[①]

第二种方法就是通过历史数据事后估算长期的平均实际利率。假定货币政策在长达30～40年的期限内平均来说是中性的,那么利率就会接近长期平均的中性利率(虽然任意特定时间段内

① 参见安图里奥·鲍姆菲姆(Antulio Bomfim):"均衡的联邦基金利率和期限结构扩散的指标性能",载《经济探究》(*Economic Inquiry*),1997年第35卷,第830～846页。

的利率都不是中性利率)。[①] 这种方法测算的实际中性利率往往在2%左右,数值取决于所使用的确切的时间段。例如,联邦基金实际利率被定义为名义利率减去最近四个季度的同比CPI通胀率,1960年一季度至1993年四季度间的平均水平在2.3%左右。两种估算方法结合起来我们可以得出合理的估算范围,1994年时任美联储副主席的布林德(Blinder)明确地将中性联邦基金实际利率的可能区间定为1.75%到2.75%,也就是说名义利率在4.75%到5.75%之间。如果说中性利率是公开市场委员会的目标,100个基点的利率范围可以为货币政策的分歧提供足够的调整空间。

图5.2　1994~2000年,联邦基金目标利率

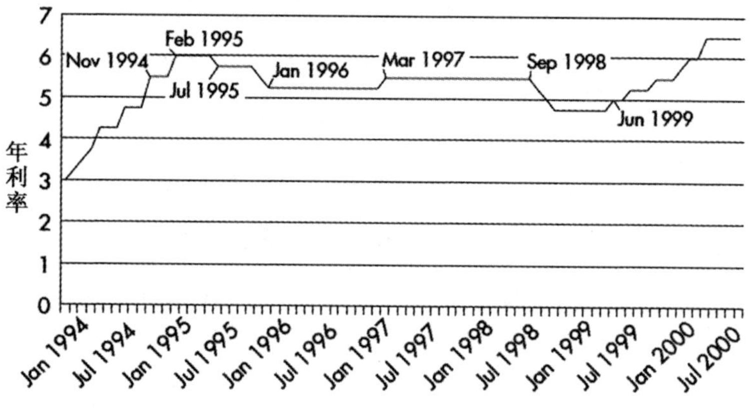

数据来源:美联储理事会。

① 使用此方法的时段较长,因为波动的影响不可能在短期消除。

在 1994 年到 1995 年期间，多位美联储官员反复对市场和公众提出警告，认为实现完美的经济软着陆存在难度。这不仅要求美联储对于中性利率有相当准确的推测，而且要求在恰当的时间达到中性利率(要知道货币政策存在较长的时滞)。要做到这点，美联储既需要技术，也需要运气。如果在美联储微调的过程中，突然出现一个对总供给或总需求的巨大冲击，那么最完美的计划也会泡汤。结果美联储在一年内连续加息 7 次，合计 300 个基点——截至 1995 年 2 月 1 日政策紧缩周期结束时，联邦基金利率已经上调到 6%。(图 5.2 描述了在这段政策紧缩时期内，联邦基金利率的变动路径和其后的发展趋势)。事实上也是如此，尽管是这一系列加息中的最后两次——1994 年 11 月利率上调 75 个基点和 1995 年 2 月上调 50 个基点——这一行为依然引起巨大争议。

到 1994 年 11 月召开会议时，联邦基金利率已经上调到了 4.75%，金融市场更是高呼继续加息来缓解通货膨胀。然而，数位公开市场委员会成员(包括本书作者)开始表达出对美联储因为低估货币政策的时滞而“矫枉过正”的担心。委员会投票一致通过上调联邦利率 75 个基点——这是格林斯潘时代唯一一次如此大幅度的加息。但是也有几位成员表示更倾向于上调 50 个基点，还有人明确反对同僚们关于最终需要上调150个基点来降低通货膨胀率的观点——这样将导致基金利率上升到6.25%的峰值。

美联储最后一次加息发生在1995年1月31日至2月1日的会议期间，利率上调了50个基点，尽管好几位公开市场委员会成员（特别是本书作者）表达了对于美联储加息可能过于仓促的忧虑。在那个时候，经济刚刚释放出放缓的信号。正如格林斯潘所说："有一些迹象显示目前经济增长的道路确已出现了一些小问题，即便这些迹象并不必然具备说服力。"[①]此外，在墨西哥金融危机爆发后，美国的出口将毫无疑问地受到冲击。我们可以预期到传统的存货加速机制将使消费放缓进一步恶化，硬着陆的风险正在上升。[②] 尽管金融市场还在要求通过加息来缓解通货膨胀，但是格林斯潘解释道："现在还不清楚，如果我们所看

---

① 参见联邦公开市场委员会会议记录，1995年1月31日至2月1日，第104页。

② 随着最终销售额以更低的速度增长，为了保持存货/销售的稳定比例，存货投资的增长速度也在减缓。在1995年这件事情的确发生了。1994年的存货投资量的平均值为670亿美元（以1996年为基期），而在1995年下降到了仅300亿美元。

到的裂痕继续扩大……我们就需要使用另外的紧缩政策。”[①]

随着时间的推移，公开市场委员会开始担心货币政策矫枉过正的危险。所幸的是长期利率在此期间起到了稳定的作用，正如他们在以后扩张性政策中所起的作用一样。[②] 即使在美联储 1995 年 2 月最终加息前，30 年期的美国国债收益率已经从 1994 年 11 月的高点下降了 40 个基点。长期利率的下降反映了市场的观点，即经济放缓的迹象正在出现——促使美联储重新评估他们必须要做出的紧缩量。在随后的几个月，长期利率继续下跌，进一步证实了经济放缓的趋势，从 1995 年 2 月 1 日的 7.75% 下降到 7 月 5 日的 6.61% ——公开市场委员会第一次降息的前一天。

美联储官员的讲话强化了市场对于未来政策立场的再评估。在美联储 1995 年 2 月 1 日加息之后的 3 周，格林斯潘在国会听证时暗示他可能会对经济衰退做出提前反应：“有可能我们不改变政策立场，甚至放松货币政策，我们应该看到，种种迹象

---

① 参见联邦公开市场委员会会议记录，1995 年 1 月 31 日至 2 月 1 日，第 108 页。

② 关于这点，参考劳伦斯·梅耶在债券市场交易协会固定收益峰会（华盛顿特区，1997 年 9 月 12 日）上发表的题为“货币政策与债券市场：补充还是代替？”的演讲。

表明潜在力量最终将降低通货膨胀压力,尽管现在的价格数据还不尽如人意。”[①]1995 年 7 月到 1996 年 1 月,公开市场委员会分三步将利率从 6% 降低到 5.25%,并最终以此来证实市场的预期。一些观察家认为这是货币政策从适度从紧转为接近中性,尽管降息的另一种解释是,委员会只是为了在通货膨胀预期下降的情况下,防止联邦基金实际利率上升。

更加紧缩的财政政策预期也会对货币政策的决定产生影响,至少在一些公开市场委员会成员(包括本书作者)看来,紧缩性财政政策增强了他们调低联邦基金利率的渴望。政府和由共和党领导的新国会达成协议,通过新一轮削减预算来平衡预算,公众对上述协议期待很高,公开市场委员会也对此进行了讨论。[②] 当时宏观计量模型模拟结果显示:接下来的紧缩财政政策可以导致均衡联邦基金实际利率下降 150 个基点,这一幅度非常大。

到 1995 年年底,美联储似乎将不可能变为了可能,在充分就业的情况下实现了巧妙的经济软着陆。5.6% 的失业率水平在

---

① 艾伦・格林斯潘为参议院的银行、住房和城市事务委员会提供的证词,1995 年 2 月 22 日。

② 例如,参见联邦公开市场委员会纪要,1996 年 2 月。

当时被认为是对非加速通胀水平下的失业率（NAIRU）较为乐观的估计。1995年下半年的经济增长率是3.2%，[①]而核心通货膨胀率（十二个月滚动核心CPI）依然保持在3%。我们相信，正是这惊人的成功，将格林斯潘原本已经崇高的声誉提升到了宏观经济魔术师的层面。从这点上来看，在市场眼中美联储永远是正确的，而直到最近，这个观念才有所改变。但美联储的微调政策究竟是如何准确影响GDP增长的呢？为了回答这个问题，我们还是要使用WUMM和FRB-US模型来模拟不同货币政策下美国经济的发展路径。这次我们考虑两种：第一种假定为宽松的货币政策：试想一下，如果美联储在1995年上半年一直将联邦基金利率控制在3%会发生什么？尽管这并不是一个人人都能接受的严肃政策选择，然而它的确为政策对GDP及其他变量所带来的（负面）影响提供了粗略的估计。[②] 第二种假定为紧缩的货币政策：试想一下，如果联储听取了市场更强硬的声音，在1994年年底保持并继续推高利率，在1995年3月会议的时候将

① 本书（当前）数据自1996年后出现大幅度调整。1996年年底可获取的GDP数据显示1995年下半年的实际GDP增长率仅仅为2.0%。

② 第一个额外的备选假设是1995年三季度长期债券收益率会与美联储实施的紧缩政策保持密切同步（参见表5.1），类似于1994年美联储实行紧缩政策后它们的反应。

利率上调到7.5%,这将会造成什么后果?

表5.1反映了联邦基金利率3条不同的路径,表5.2和表5.3总结了宽松和紧缩政策的模拟结果。

表5.1　三种不同货币政策下的联邦基金利率

	1994年				1995年				1996年
季度	1	2	3	4	1	2	3	4	1
宽松货币政策	3.00	3.00	3.00	3.00	3.00	3.00	3.75	4.50	5.25
实际货币政策	3.21	3.94	4.49	5.17	5.81	6.02	5.80	5.72	5.36
紧缩货币政策	3.21	3.94	4.49	5.23	6.50	7.35	6.68	6.02	5.36

数据来源:作者计算所得。

在宽松货币政策下,1994年(两个模型相差幅度不大)和1995年(FRB-US模型中1995年经济增速要快得多)经济增速都大幅加快。直至1995年年底,两种模型的实际GDP分别比基准高出2.6%和3.9%。两种模型中失业率下降得更多更快——1995年年底的时候分别到了4.0%和4.3%——通货膨胀率则相对历史水平上升了1%——1996年的时候下降到了4%多一点。在WUMM模型中(参见表5.2),紧缩货币政策的延迟导致了严重的经济硬着陆:表中的数字意味着实际GDP增长在1996年放缓到几乎为0,而失业率在1997年第三季度的时候将会达到6.3%。

表5.2　1994～1995年宽松货币政策的估算效果

偏离基准水平程度	模型	1994年第4季度	1995年第4季度	1996年第4季度	1997年第4季度
实际GDP增长（第4季度同比）	WUMM	2.0	0.6	-3.8	-1.4
	FRB-US	1.2	2.7	-1.3	-1.2
CPI通胀率（第4季度同比）	WUMM	0.1	0.1	0.9	0.2
	FRB-US	0.2	0.9	1.2	2.1
失业率（差异）	WUMM	-0.6	-1.3	0.3	1.5
	FRB-US	-0.4	-1.6	-1.7	-1.1
十年期国债收益率（差异）	WUMM	-1.84	1.21	2.06	-0.58
	FRB-US	-1.84	1.21	2.06	0.00

数据来源：作者计算所得。

表5.3　1994～1995年紧缩货币政策的估算效果

偏离基准水平程度	模型	1994年第4季度	1995年第4季度	1996年第4季度	1997年第4季度
实际GDP增长（第4季度同比）	WUMM	0.0	-0.6	0.0	0.1
	FRB-US	0.0	-0.5	-0.3	-0.1
CPI通胀率（第4季度同比）	WUMM	0.0	0.1	-0.3	-0.3
	FRB-US	0.0	-0.2	-0.3	-0.4
失业率（差异）	WUMM	0.0	0.2	0.3	0.2
	FRB-US	0.0	0.2	0.4	0.4
十年期国债收益率（差异）	WUMM	0.02	0.37	0.02	0.14
	FRB-US	0.01	0.20	0.06	0.02

数据来源：作者计算所得。

在紧缩的货币政策下(见表5.3)自然会产生反向的影响。增长率在1995年会下降0.5%左右;而失业率在1995~1997年间会增加0.2或0.4个百分点,1996年和1997年的通货膨胀率会降低差不多0.3个百分点。总之,两模型的模拟结果证实了市场看法,即美联储在1994~1996年期间的工作做得的确不错。1994~1995年间的紧缩政策的确不能再迟,而紧缩的程度也拿捏得恰如其分。1995~1996年采取宽松货币政策时也许对经济的看法有点太悲观了,然而如今看来并不为过。

六、美联储按兵不动，菲利普斯曲线默契配合

1996年年初，美国的经济状况看起来非常好，并且在随后几年日益增强。与流行观点认为的美国NAIRU介于5.5%到6%之间不同，失业率还在持续稳步下降。1999年12月，失业率降至4.1%，这是29年来的最低水平①。在这四年里，实际GDP的平均增长率为4.5%——远高于当时估计的潜在产出增长率。然而（如图5.2所示），联邦基金利率除了在1997年3月出现过25个基点的微幅上调外，截至1999年6月，均未出现上调。

因此，除了应对1998年金融危机的行动外，美联储自1996

---

① 3.9%的周期性的低失业率出现于2000年9月和10月。

年年初到1999年夏的货币政策如果可以用一个词来恰当描述那就是——按兵不动。联邦公开市场委员会密切关注市场,绞尽脑汁地寻找抑制通货膨胀的神秘力量,他们担心这种好运会很快消失,通货膨胀将会再次抬头,但大体上并未采取任何措施。实际上,在1998年秋的全球金融危机期间,美联储的确将联邦基金利率下调了75个基点以对抗愈演愈烈的全球经济动荡。

对于宏观历史学家来说,一个关键问题是,在失业率降至一定水平(这一水平通常意味着通胀加速)的时候,美联储为何仍然按兵不动。一部分原因很简单——尽管联邦公开市场委员会鹰派人物和许多外界预言者对通货膨胀存在担忧,但最坏的情况从未发生。如表6.1所示,通货膨胀并未上升,反而下降了。

表6.1 消费价格通胀的衡量指标(十二个月/四个季度滞后变化)

	年度最后一个月或季度					
	1994	1995	1996	1997	1998	1999
城市居民消费价格指数	2.7	2.5	3.3	1.7	1.6	2.7
个人消费支出连锁加权物价指数	2.1	2.1	2.3	1.5	1.1	2.0
CPI回溯指数	2.3	2.4	3.0	1.6	1.4	2.7
核心城市居民消费价格指数	2.6	3.0	2.6	2.2	2.4	1.9
核心个人消费支出连锁加权物价指数	2.3	2.3	1.8	1.7	1.6	1.5
核心CPI回溯指数	2.2	2.8	2.4	2.1	2.2	2.0

数据来源:所有城市居民消费价格指数和CPI回溯指数的数据均来自美国劳工部劳工统计局;个人消费支出连锁加权物价指数的数据来自美国商务部经济分析局。

表6.1呈现的是1994年至1999年间三个衡量居民消费价格的广基指标(broad-based measures):城镇居民消费价格指数(CPI-U),个人消费支出连锁加权物价指数(chain-weighted price index)[①],以及一个新的研究系列指数——以1999年为基准估计得出的城镇居民消费价格指数(CPI-U-RS)。每个指数的核心版本(core version),即剔除了食品和能源价格的核心通货膨胀,在这个时期主要都是下降的。核心通货膨胀持续下降而失业率却异常低这一事实让联邦公开市场委员会和外界观察者都颇为吃惊。例如,资深经济学家普遍高估了1996年、1997年和1998年的通货膨胀水平。同样地,来自白宫、国会预算办公室和美联储的官方通货膨胀预测一贯对通货膨胀和实际增长都过度悲观。

这个时期的一个主要困惑——或许可以说是核心困惑——是为何1995年之后通货膨胀水平如此之低。其中关键的原因是一系列反通货膨胀的"供给冲击"。回溯至1995年,联邦公开市场委员会当时的讨论焦点是:医疗改革引起的员工福利增长放

---

① 2000年,联邦公开市场委员会把这个指数用于通货膨胀的官方预测。如表所示,自1993年起,用个人消费支出平减指数(PCE)来衡量的通货膨胀比用城镇居民消费价格指数(CPI-U)来衡量低很多,平均差距是0.6个百分点。上述两个衡量指标的主要差别在于对医疗卫生和住房的处理上。

缓,以及工人的不安全感对于工资增长造成的潜在抑制。生产率的提高也引起了一定的关注——特别是艾伦·格林斯潘——尽管当时生产率提高的主要证据来自一些轶事或间接的信息。① 1997 年间,石油和非石油进口价格的变动被联邦公开市场委员会纳入相关的供给冲击名单。

下面这个简单的工资—价格模型为我们讨论这些有利冲击提供了有用的框架:

$$(1)\ \dot{W} = x^{w} + \pi^{e} + f(U - U^{*}) + z_1 + error$$

$$(2)\ \pi = \dot{W} - x^{f} + z_2 + error$$

方程(1)是一个标准菲利普斯曲线:名义工资的增长率($\dot{W}$)取决于生产率增长率(x)、预期通货膨胀 π^{e}、失业率(U)和自然失业率(U^{*})间的偏差,以及对工资方程的"冲击"(z_1)。(两个方程式中的随机误差项无关紧要,在此忽略不计。)方程(2)是一个传统的利润等式:价格与单位劳动力成本($\dot{W} - x$)同步上升,除非对价格方程的冲击(z_2)——如食品或能源价格冲击——打破了这个关系。每个方程中的生产率增长率的上标——w 是工人生产率增长率的上标,f 是企业生产率增长率的上标——非常

① 例如,尽管传言竞争激烈、工资费用上涨,利润率却在扩大。

重要，下面将作解释。

求解方程式(1)和(2)，用滞后通胀率作为预期通胀率的大致替代变量，得到通常被称为价格菲利普斯曲线(price-price Phillips curve)的方程：

$$(3)\ \pi - \pi_{-1} = x^{w} - x^{f} + f(U - U^{*}) + z_1 + z_2 + \text{errors}$$

方程(3)表明，失业和通胀变化(精确表述为，非预期通货膨胀)之间的正常关系可能被工资冲击(z_1)、价格冲击(z_2)以及工人与企业对生产率增长率预期之差($x^{w} - x^{f}$)打破。此外，自然失业率(U^{*})也可能发生变化。接下来，我们将关注这四个1995～1999年期间通货膨胀维持如此低水平的可能因素。[①]

① 根据方程式(1)、(2)和(3)可以作出一条长期菲利普斯曲线，这条曲线在非加速通货膨胀失业率，即 $U = U^{*}$ 处是垂直的。然而，也有人认为，长期菲利普斯曲线在低通货膨胀下是不太可能垂直的，因为工人对名义工资下降的感知具有滞后性，同时(或者)他们无法在点对点的基础上把预期通货膨胀融入对工资的讨价还价中。参见乔·A. 阿克洛夫(George A. Akerlof)、威廉·T. 迪肯斯(William T. Dickens)、乔治·L. 佩里(George L. Perry)："低通货膨胀下的宏观经济学"，载《布鲁金斯经济活动论文集》1996年版，第1～76页；乔治·A. 阿克洛夫、威廉·T. 迪肯斯、乔治·L. 佩里："近似理性工资、定价和长期菲利普斯曲线"，载《布鲁金斯经济活动论文集》2000年版，第1～60页。尽管存在这些批判，方程(1)～(3)足够充当我们讨论供给冲击的简易组织框架。

但是首先应该关注一下图 6.1,图中采用 1960 年至 1999 年间的数据说明了失业率和通胀变化间的总体关系——没有控制方程(3)中的其他因素。① 图中蕴含了一个极为简单的关于通胀变化的理论——毕竟,它没有考虑任何其他变量。然而,数据拟合度比预期理想。这幅图也表现出一些可能令人惊讶的信息,通货膨胀在 1994 年至 1996 年间并无异常,而在 1997 年至 1998 年间(尤其是 1997 年)却不同寻常的低。基于以上分析,现在我们开始进行更深入的分析。

图 6.1　失业率和 CPI 通胀变化间的关系(1960 ~ 1999 年)

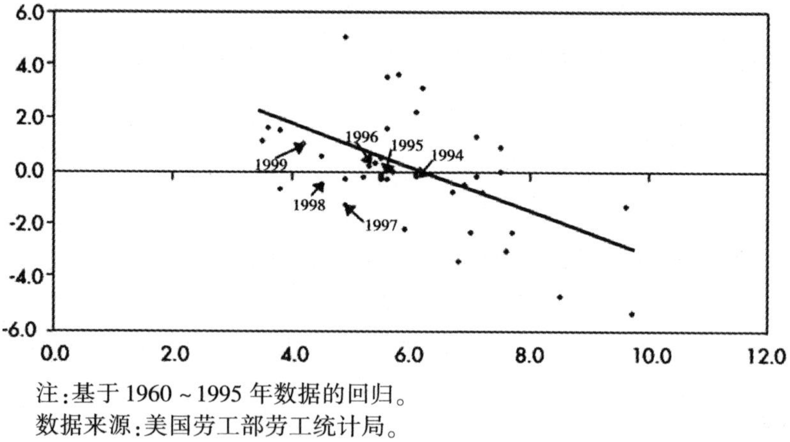

注:基于 1960 ~ 1995 年数据的回归。
数据来源:美国劳工部劳工统计局。

① 有一个类似的图(在本书并未展示),用个人消费支出平减指数(PCE)来衡量通货膨胀,看起来几乎一样。

意外的工资温和上涨

我们首先分析工资冲击(z_1)。在 1994 年至 1995 年美联储引导经济软着陆的时候,这些方程,比如方程(3),对数据的拟合都非常好。实际上,我们当中有一人(布林德)在那个时候就把价格菲利普斯曲线的这个完美吻合称为"宏观经济学的简洁小秘密"。[①] 但是,如果你透过表面看本质,就会发现其中的问题:工资比预期要低,而价格上涨却比预期快。尽管误差不大,但它们很明显是单边上涨。这里有双重计量经济学难题:为何在劳动力市场明显收紧的情况下,工资上涨如此缓慢?在劳动力成本上涨如此之慢的情况下,通货膨胀下降的幅度难道就不应该更大么?

我们可以考虑两个看似合理的相关解释,这两个解释在当时都受到热议。根据所谓的"创伤工人假说"(traumatized worker hypothesis),在经历了公司重组、经济衰退和最初就业岗

---

① 这个完美吻合并不长久,正如我们接下来将要谈论的。

位匮乏的复苏时期之后，美国工人变得更加关心工作稳定而非实际工资的增加。[①] 把创伤工人假说看作是自然失业率（U^*）下降或是负的工资冲击（z_1），同时可能伴随正的价格冲击（z_2）——因为议价能力从工人向管理层转移。格林斯潘在他的多次演讲中提到要关注这一说法，同时强调，在更加迅猛的科技进步下，劳动技能的加速淘汰也增加了工人的不安全感。[②] 关于这个理论的一个更加激进的说法是，美国劳动力遭受的不仅是一个短暂的冲击，而确确实实是永久性地（或者至少是长期地）丧失了其议价地位。

支撑这个假说的证据是复杂的。一些调查结果显示，在高失业率之下，就业不安全感水平异常高，而另一些调查结果却得

---

① 在效率工资模型中，任何使工人认为外在机会更加不利的冲击都将降低均衡失业率（U^*），减少效率工资溢价，进而提高企业利润。给定失业周期，则出现一个异常低水平的辞职率（进入失业），意味着就业不安全感的提升。

② 参见艾伦·格林斯潘为参议院银行、住房和城市事务委员会提供的证词，1995 年 2 月 22 日，第 5 页；为参议院银行、住房和城市事务委员会提供的证词，1996 年 2 月 20 日，第 9 页。

出了恰恰相反的结论。[①] 再次控制了劳动力市场的状况之后,数据似乎显示出低水平的主动辞职和高水平的失业——两者都是就业不安全感的指标。[②] 而罢工次数也处于四十五年来的最低水平。[③]

第二个假说始于这样一个发现:增速一度超越工资的额外福利,在1993年至1994年间显著放缓,自1995年起,其实际增速已不及工资(见图6.2)。可以把这个事件看作负面的"福利冲击",但我们并非想通过这一名称(福利冲击)来刻意暗示这是一个外生事件。福利支出出现下行拐点可能正是市场反应深层问题的方式,例如劳动力议价能力的下降。

---

① 在本段中讨论的这个问题以及其他问题,参见斯蒂芬妮·施密特(Stephanie Schmidt)、克里斯托弗·汤普森(Christopher Thompson):"工人对就业保障的看法使工资通胀保持低水平?——来自公众舆论数据的证据",载梅肯研究院工作底稿97-4,1997年10月;斯蒂芬妮·施密特:"工人对就业保障的看法的长期趋势:来自综合社会调查的报告",载《劳动经济学杂志》,1999年10月,第17期,S127-S141。

② 关于失业,参见亨利·法伯(Henry S. Farber):"美国失业状况研究:1981~1999年",第452号工作论文,普林斯顿大学产业关系研究部,2011年4月。

③ 1992年,涉及千名以上的工人停工而导致的工作时间损失约0.01%。这是战后的最低水平,并且直至1999年这一指标均保持在0.02%以下。参见美国劳工部劳工统计局:"停工总结",2001年2月9日。

图 6.2　在雇用成本指数中工资薪金与福利的变化

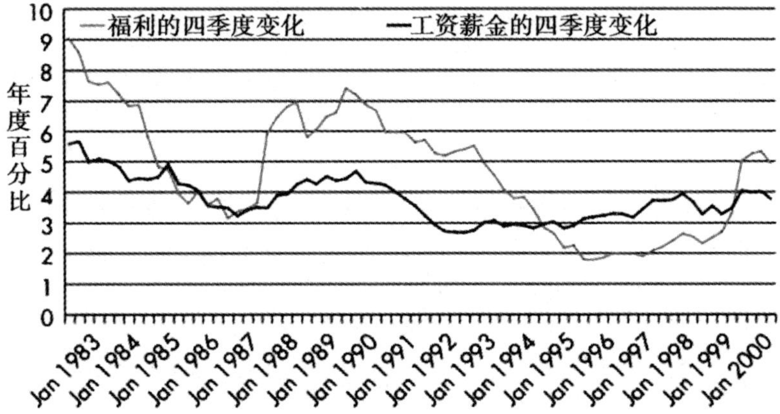

数据来源:美国劳工部劳工统计局。

各项福利中最为人知晓而且最为重要的一项——医疗保险费用的增速在减缓。在 20 世纪 80 年代末期,医疗成本通胀飙升到两位数,在 20 世纪 90 年代早期开始逐渐缓和。团体医疗保险成本的上涨在 1993 年和 1994 年间开始减弱,实际上在 1995 年至 1998 年间已经变成了负增长。在克林顿计划失败之后,医疗保险领域发生了重大变革,雇主不再为员工支付按次计费的医疗服务,而是普遍选择管理式医疗计划。费用的下降部分表现在覆盖范围的减小,共同担付和自行支付的额度的提高,以及其他类似的变化。[①] 图 6.3 显示了非农企业中雇主支付(工人)个人每工时团体医疗保险的成本变化。这些成本在 1990 年至 1994 年间每年增长 7.4%,而在 1995 年至 1998 年间年均下降 2.3%。这是一个惊人的转变。

图 6.3 部分工时福利的雇主成本变化[a]

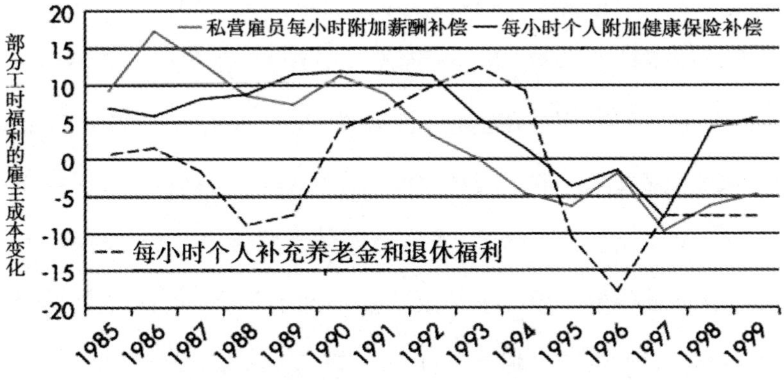

a:附加福利除以非农经济部门的工时。
数据来源:美国商务部经济分析局,美国劳工部劳工统计局。

---

① 参见艾伦·克鲁格(Alan Krueger)、海伦·莱依(Helen Levy):"雇主医疗保险支出的下滑的会计处理",载《1996 年第 89 届税收年会特辑》,美国国家税务协会,税收研究所,华盛顿特区,1997 年。

但医疗保险并非故事的全部。图6.3也表明，当飙升的股市允许企业对固定收益养老金计划投入更少时，雇主对养老金和退休福利的支出也大幅下跌。对工人薪酬的支出也下降了。①换句话说，工人遭受的打击主要来自总体薪酬中福利部分的减少而非单纯工资部分的减少。

一个简单的测算表明，对员工福利费用支出的下降可以转化为整体工资通胀率的大幅下降。在1992年至1994年间，员工每小时的福利费用(剔除雇主支付的社会保险)年增速比非农商业价格指数高1.4%。而在1995年至1998年期间，福利费用相对这一价格指数每年实际平均下降了4.4%。尽管这些额外福利仅占总薪酬的10%，在其他条件不变的情况下，实际每工时福利费用的增长率每下降5.8个百分点，会引起薪酬增长率下降大约0.5个百分点。

但是等一下，经济理论不是认为市场力量决定总体薪酬的增长率，而不单是工资吗？答案是肯定的。因此，从长期来看，

① 这三种福利共同构成“其他劳动收入”的96%。“其他劳动收入”指除了雇主支付的社会保险以外的补充工资和薪金。

工资和薪金会加速(增加)以抵减福利的下降。[①] 然而，这种一对一的抵减短期内不会出现。当工人们并非非常急切地要求提高薪酬，或者当企业成功抵制劳动者的诉求时，那些成功节省福利成本的公司将会获得这些短暂收益。实际上，1992 年至 1997 年间，劳动力报酬在非农商业产出中的占比显著降低了 4 个百分点，达到了战后最低水平，这证实了工人利益受损的观点。雇主的边际利润和资本回报率自然就上升了。[②]

为了评估较低的福利成本对经济的影响，我们再次使用

① 关于证据，参见劳伦斯·萨默斯(Lawrence Summers)："一些关于法定福利的简单经济原理"，载《美国经济评论》，1989 年 5 月，79(2)，177 – 83；乔纳森·格鲁伯(Jonathan Gruber)："工资税的负担者：来自智利的证据"，载《劳动经济学杂志》[15(3，part 2)]，1997 年 7 月，S72 – S101；乔纳森·格鲁伯、艾伦·克鲁格(Alan Krueger)："强制性雇主提供保险的影响范围：员工福利保险的启示"，载大卫·布拉福德(David Bradford)主编：《税收政策和经济》(马萨诸塞州，麻省理工学院出版社)，第 111 ~ 143 页。格鲁伯和克鲁格发现，雇主承担的工资成本大部分通过更低的工资由工人来承担。

② 加入高于单位劳动力成本趋势溢价，扩展后的价格—价格菲利普斯曲线达到稳定，且与 20 世纪 90 年代的数据非常吻合。然而在标准设置下，1994 年四季度起，自然失业率出现显著转变。参见弗林特·布雷登(Flint Brayton)、约翰·罗伯茨(John Roberts)、约翰·威廉姆斯(John Williams)："菲利普斯曲线怎么了？"，载美联储讨论文件，1999 年 9 月。根据他们的预测，1993 年至 1995 年间物价出现上涨，而在 1996 年至 1998 年间降至平均水平，使通货膨胀维持在低水平。

WUMM 和 FRB-US 宏观经济计量模型。特别是我们要探讨下如果 1995 年至 1999 年期间雇主为每工时额外福利支付的成本继续以快于非农产品价格指数 1.4% 的速度增长——恰如 1992 年至 1994 年的情况，那么经济表现会有怎样的不同。[①] 由于额外福利的加速增长会提高通货膨胀，美联储几乎不可能在这种情况下维持联邦基金名义利率不变。因此我们的模拟计算要假设美联储会随通货膨胀来调整联邦基金名义利率，以保持联邦基金实际利率不变。结果如表 6.2 所示，较低的福利支出增长具有重大的经济影响。两个模型均显示，在 1995 年至 1998 年间，尽管失业率大幅下降，"福利冲击"平均降低了价格通货膨胀几乎 1 个百分点。[②] 这些都是相当大的影响，比简单粗略的计算结果大许多，为什么呢？

---

① 我们通过调整每个模型相对于方程(1)的变量来模拟福利冲击。在模拟计算中，福利冲击对薪酬增长的直接影响在 1995 年、1996 年和 1997 年的均值分别为 -1%，-0.7% 和 -1.1%，在 1998 年和 1999 年都为 -0.1%。

② 表 6.1 报告的模拟计算忽略了较低医疗价格通胀对消费价格通胀的任何直接影响。WUMM 模型的模拟计算包括了较低的医疗价格上涨对个人消费支出平减指数的直接影响，由此得出的 CPI 通胀率比表 6.1 的结果低 0.1 到 0.2 个百分点。

表 6.2 1994 年后实际员工福利成本减速增长的影响
（联邦基金实际利率维持在基准水平）

偏离基准水平程度	模型	1995 年第 4 季度	1996 年第 4 季度	1997 年第 4 季度	1998 年第 4 季度	1999 年第 4 季度
实际 GDP 增长（第 4 季度同比）	WUMM	0.2	1	1	0.1	-0.4
	FRB-US	0.0	0.2	0.3	0.4	0.1
CPI 通胀率（第 4 季度同比）	WUMM	-0.8	-1.3	-1.5	-0.7	-0.3
	FRB-US	-0.2	-0.7	-1.2	-1.4	-1.0
失业率（差异）	WUMM	-0.0	-0.4	-0.9	-0.9	-0.7
	FRB-US	-0.0	-0.1	-0.4	-0.7	-0.7
每工时名义薪酬增长（第 4 季度同比）	WUMM	-1.1	-0.8	-1.2	-0.1	-0.1
	FRB-US	-1.4	-1.3	-2.0	-0.4	-0.2

数据来源：作者计算所得。

在 FRB-US 模型中，名义工资的议价取决于预期通货膨胀。福利冲击带来了一个良性循环：某一年的低通货膨胀降低未来通货膨胀预期，名义工资上升，进而影响接下来几年的实际通货膨胀。结果，尽管在 1999 年福利冲击已经消失，通货膨胀仍然保持低于基准水平 1 个百分点。在 WUMM 模型中，名义工资增长取决于预期名义工资通胀而不是预期价格通胀，但良性循环的机制是相似的。

不管工资冲击 z_1 来自"受创伤"的工人还是下降的福利成本,问题在于,工资冲击将使低通胀维持多久? 由于 1998 年和 1999 年的劳动力市场供不应求,就业前景光明起来,同时永久性裁员下降到更为正常的水平,美国工人按理来说应该已经克服了创伤。[①] 1998 年福利成本再次开始上升。而且,我们已经注意到,任何福利的减少最终都会导致正式工资的上升。然而,如果劳动力的议价能力已经受到了永久性的侵蚀,那么这些工资下降事件的预期影响理应更加持久。此外,还存在其他使价格通胀保持低水平的因素,接下来我们将讨论这些因素。

幸运时代的价格冲击:1996 ~ 1998 年

1996 年至 1998 年期间,一系列有利的价格冲击,即负的价格冲击 z_2,把通货膨胀降低至低于通过占主导地位的失业率和过去的通货膨胀历史而预测的通胀率。在本节中,我们讨论三个这样的冲击,而把生产率的惊人加速(提升)——当然这是这

---

① 普林斯顿大学经济学家亨利 · 法伯(Henry Farber)发现,保持失业率不变,在 1993 年至 1997 年的永久裁员异常的高。永久裁员接下来下降至正常水平。参见亨利 · 法伯:"九十年代的失业率提高了吗?",第 394 号工作论文,普林斯顿大学产业关系研究部,1998 年 1 月。

一时期最重要的冲击——放到第八章来单独讨论。下述采用 WUMM 和 FRB-US 宏观经济计量模型进行的模拟计算显示,这些冲击已足以说明 1996 年至 1998 年间通货膨胀水平为何被控制得这么好。

美元和进口价格

1995 年至 1999 年间,第一个对通货膨胀有利的——虽然是短暂的——影响来自进口价格。从狭义的美国通货膨胀来看,从 1995 年春至 1998 年夏,美元急速升值,外加世界经济疲软,带来了天赐良机。如图 6.4 所示,在这三年间,美元的实际价值以年均约 4% 的速度快速增长。非石油进口价格指数虽有短暂的时滞,但和美元趋势类似有利于控制通胀,其于 1993 年至 1995 年间以低于年均 1% 的速度上涨,随后在 1996 年至 1998 年间就以年均 4% 的速度下降。由于进口产品价格包括在所有消费价格指数中,下降的进口价格直接降低了这些通货膨胀的指标。他们很可能也限制了美国企业的定价能力。

图 6.4　非石油进口价格指数和美元走势

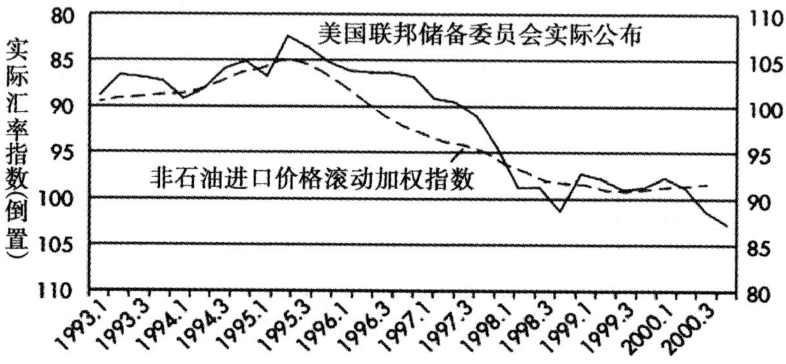

数据来源:美国商务部经济分析局,美联储理事会。

进口产品占了消费品篮子的 10% ~12%,一个简单粗略的计算表明,1995 年第二季度至 1998 年年末,美元(贸易加权)升值 18%,应使消费价格水平降低大约 2%。但是这个计算忽略了所有反馈和次级效应。为了更严谨地评估美元升值在幸运时代对美国经济的影响,我们再次使用 WUMM 和 FRB-US 宏观经济计量模型进行模拟,以评估如果 1995 年第二季度后美元的实际币值保持不变,将会发生什么。[①] 这个模拟计算再次把联邦基金利率维持在实际基准水平。表 6.3 显示了计算结果,遗憾的是,

① 在模拟中,我们把(35 国)联邦储备委员会的广义汇率以 1995 年二季度为基准做了调整。

两个模型再次不一致,而且这次的差异很大。

表 6.3　1995 年第二季度后实际美元升值的影响
(联邦基金实际利率维持在基准水平)

偏离基准水平程度	模型	1995 年第 4 季度	1996 年第 4 季度	1997 年第 4 季度	1998 年第 4 季度	1999 年第 4 季度
实际 GDP 增长(第 4 季度同比)	WUMM	-0.0	-0.2	-0.8	-2.2	-2.5
	FRB-US	-0.0	-0.2	-0.5	-1.0	-1.2
CPI 通胀率(第 4 季度同比)	WUMM	-0.1	-0.6	-1.0	-2.2	-2.0
	FRB-US	-0.0	-0.2	-0.3	-0.5	-0.3
失业率(差)	WUMM	0.0	0.1	0.4	1.4	2.5
	FRB-US	0.0	0.0	0.1	0.5	1.0
广义实际汇率指数(百分比)	BOTH	3.3	5.3	14.6	17.9	18.5

在 WUMM 模型中,美元升值对降低通货膨胀有着显著影响,使 CPI 通胀率有所下降,1996 年下降 0.6%,1997 年下降 1%,而 1998 年则惊人地下降 2.2%。根据这个模型,如果(美元)没有升值,1998 年的通货膨胀将会达到 3.7%(实际是 1.5%)。这惊人的巨大影响(约是初步计算的三倍)主要源于实际 GDP 的大幅下降(在模拟结束时,表中经济增长率受到的

影响累计达到 5.5%)以及失业率的相应上升(2.5 个百分点)。FRB-US 模型得出的美元升值对降低通货膨胀的影响程度则小很多——很大程度上归因于对 GDP 和失业率更加温和的影响力。根据该模型,美元升值对通货膨胀的最大影响仅仅在 1998 年达到 -0.5%。然而,两个模型都认为美元升值使美联储不必通过提高联邦基金利率来控制总需求。两个模型的模拟计算(未显示)都表明,如果美元没有升值,则需要联邦基金实际利率提高 250 ~ 350 个基点以使失业率维持在历史水平上。

油价下跌

随后,下跌的油价强化了强势美元对降低通货膨胀的影响。如图 6.5 所示,经历了 1996 年的上涨之后,1996 年第四季度到 1999 年第一季度期间,石油价格大约下跌了一半。石油价格的下跌降低了能源成本,直接导致了名义通胀而非核心通胀的下跌。较低的能源成本也可能通过降低生产成本而导致核心通胀的下降。

图 6.5　美国西德州轻质原油期货每日价格

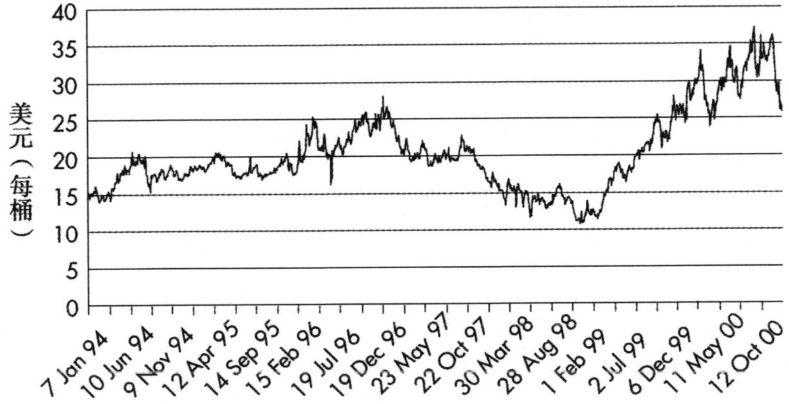

数据来源:《华尔街日报》每日石油报价。

此外,进口商品和能源价格的下跌可能降低了企业的成本和价格压力,从而带来名义工资较为温和的上涨。标准菲利普斯曲线的逻辑[上述方程(2)所示]认为,劳动力市场越紧,会导致工人要求(企业提供)的实际工资增长水平越高。但进口商品和能源价格的下降使本国生产商可能在不花费任何成本的情况下满足这些需求中的一部分。与此观点一致的是,实际消费工资——定义为扣除通胀因素之后折算的每小时薪资——在过去三年里(1994 ~ 1996 年)实际上并未改变,但在 1997 年到 1998 年间,随着油价的下跌,实际消费工资年均上涨了2.7%。

为了研究石油价格暴跌的影响,我们采用 WUMM 和

FRB-US模型进行模拟,如果石油价格直到1999年年底仍旧保持1996年第一季度的水平,而非实际情况中那样波动——1996年上升,1997年和1998年间下降,之后在1999年反弹——情况将会怎样[①]。(我们再次假设联邦基金实际利率不变。)结果见表6.4。在两个模型中,石油危机对1997年通货膨胀率降低的影响很小,但对1998年的影响却很大,两个模型测算分别降低了0.6%和0.8%。但值得注意的是,据估计此次石油价格冲击影响明显小于前两次石油危机——尽管此次冲击很可能获得了最多的公众关注。为什么？表6.4的最底行给出了简单的答案:相比于20世纪70年代和20世纪80年代早期的欧佩克冲击,1996~1999年的石油价格波动小得多。

表6.4　1996年第1季度以后石油价格波动的影响

(联邦基金实际利率维持在基准水平)

偏离基准水平程度	模型	1996年第4季度	1997年第4季度	1998年第4季度	1999年第4季度
实际GDP增长率(第4季度同比)	WUMM	-0.2	0.1	0.6	0.4
	FRB-US	0.0	0.1	0.0	-0.1
CPI通胀率(第4季度同比)	WUMM	0.2	-0.1	-0.6	0.0
	FRB-US	0.3	-0.1	-0.8	0.0

① 在WUMM模型中,我们设定炼油厂商获得进口石油的成本维持在1996年1季度的水平,即每桶18.38美元。在FRB-US模型中,我们设定石油进口的单位价格维持在1996年1季度的水平,即每桶17.46美元。

续表

偏离基准水平程度	模型	1996 年第 4 季度	1997 年第 4 季度	1998 年第 4 季度	1999 年第 4 季度
失业率(差异)	WUMM	0.1	0.1	-0.1	-0.4
	FRB-US	0.0	0.0	-0.1	-0.2
石油价格(百分比差异)	WUMM	20.2	-4.9	-69.7	20.2
	FRB-US	21.4	1.5	-53.2	20.9

数据来源：作者计算所得。

CPI 度量方法的修订

度量方法的改变并不是真正的经济冲击；他们只是重新校准经济的温度计而已。然而，他们使宏观经济表现在 1995 年到 1999 年间看起来比实际更好。从 1995 年开始，美国劳工统计局(BLS)就引入了一系列对 CPI 的技术性调整，从而降低了测量的通货膨胀率。① 虽然每个个体的变化很小，但这些度量方法变化的累积效应是巨大的：总的来说，这一方法论修改使测量的

① 关于这些变化的简单表格可以在 1999 年 2 月《总统经济报告》的第 94 页中找到。更多详情，参见肯尼斯·斯图尔特和斯蒂芬·里德："当前方法下居民消费者价格指数的系列研究，1978～1998 年"，载 1999 年 6 月《劳工评论月刊》，2000 年 2 月《总统经济报告》第 61 页。

CPI 通胀率在 1999 年前大约每年减少了 0.6%。[1] 如没有这些度量方法的改变,1999 年报告的 CPI 通胀率大约会是 2.5%(而不是 1.9%),也将会大大减少关于通货膨胀"奇迹般"下降的讨论。

政府部门做调整度量系统的工作并非为了粉饰太平。研究人员长期以来一直认为 CPI 和其他物价指数发生了一系列的向上偏差。尽管物价指数的偏差是一个相当深奥的话题,但当削减预算者[由参议员丹尼尔·帕特里克·莫伊尼汉(Daniel Patrick Moynihan)主导]关注到 CPI 的降低有助于预算节余时,立法者开始兴趣盎然。在社会保障、其他联邦退休计划和税收制度中都要用 CPI 计算生活成本,较低通货膨胀可减少联邦支出并增加税收收入。1996 年,参议院财政委员会(Senate Finance Committee)发布了博斯金委员会报告[Boskin Commission report,以参议院财政委员会主席、经济学家迈克尔·博斯金(Michael Boskin)的名字命名],此报告估计 CPI 通胀率大约高

---

① 在 1992 年到 1994 年间,并没有实施重大的方法改革,相比于 CPI-U-RS,CPI-U 上升速度平均快了约 0.39%。在 1998 年,引入的新市场篮子,修订了支出权重,从而使两个系列的通货膨胀率估算每年多降低 0.17%。因此,方法的改变可能使 1995 年至 1999 年间的 CPI-U 通胀率每年降低约 0.6%。

估了1.1个百分点。委员会估计,若在1997年修复该偏差,联邦政府在2006年的赤字将会减少1480亿美元并同时减少未偿付的联邦债务6910亿美元。[①]

很难弄清楚公布的较低的通胀率是否以某种方式影响了经济行为。理性经济人不应当被错误的数据蒙骗。但是1995年至1999年间,所观察到的核心CPI通胀率下降中有相当一部分是源于度量方法的改变而非真正的通货紧缩,我们怀疑许多公众并不清楚这一点。[②] 因此,我们不排除报道中的低通胀可能是错误的。至少对于一些工资和价格制定者来讲,只有降低真实的通胀,才能带来更加温和的工资水平。

工资—价格冲击的影响评估

因此,上述讨论的工资—价格冲击是否足以解释幸运时期良好的通胀水平和失业率表现呢?我们在表6.5和表6.6中归

---

① 参见迈克尔·J.波什等:《对生活成本更准确的测量》,咨询委员会致参议院财政委员会的消费者价格指数研究最终报告,1996年12月4日,附录图A1、A2。

② CPI的修订也降低了国民收入和生产总值中的通胀率指标(GDP平减物价指数,PCE平减物价指数等)——尽管降低的程度比较小。但是这些指标受到的公共关注要少很多。

纳了本章的结果。这两个表格分别展示了 FRB-US 和 WUMM 模型下,1994 年到 1999 年间工资—价格冲击对失业率和通货膨胀路径的影响。模拟中均假定美联储将联邦基金实际利率保持在没有受到冲击情形中的实际历史水平。

表 6.5　基于 FRB-US 模型的工资—价格冲击对通货膨胀和失业的影响估计（联邦基金实际利率维持在基准水平）

	1994	1995	1996	1997	1998	1999
CPI 实际通胀(第 4 季度同比)	**2.6**	**2.7**	**3.1**	**1.9**	**1.5**	**2.6**
差异如果不包括:						
福利冲击	0.0	0.2	0.7	1.2	1.4	1.0
实际汇率升值	0.0	0.0	0.2	0.3	0.5	0.3
1996 年第 1 季度之后的石油价格波动	0.0	0.0	-0.3	0.1	0.8	0.0
度量方法的改变	0.0	0.1	0.2	0.2	0.4	0.6
无“工资—价格冲击”的 CPI 通胀	**2.6**	**3.0**	**3.9**	**3.7**	**4.6**	**4.5**
实际失业率(第 4 季度)	**5.6**	**5.6**	**5.3**	**4.7**	**4.4**	**4.1**
差异不包括:						
福利冲击	0.0	0.0	0.1	0.4	0.7	0.7
实际汇率升值	0.0	0.0	0.0	-0.1	-0.5	-1.0
1996 年第 1 季度之后的石油价格波动	0.0	0.0	0.0	0.0	0.1	0.2
无“工资—价格冲击”的失业率	**5.6**	**5.6**	**5.4**	**5.0**	**4.7**	**4.0**

数据来源:作者计算得出。

表6.6 基于WUMM模型的工资—价格冲击对通货膨胀和失业的影响估计
(联邦基金实际利率维持在基准水平)

	1994	1995	1996	1997	1998	1999
实际的CPI通胀率(第4季度同比)	**2.6**	**2.7**	**3.1**	**1.9**	**1.5**	**2.6**
差异如果不包括:						
福利冲击	0.0	0.8	1.3	1.5	0.7	0.3
实际汇率升值	0.0	0.1	0.6	1.0	2.2	2.0
1996年第1季度之后的石油价格波动	0.0	0.0	-0.2	0.1	0.6	0.0
度量方法的改变	0.0	0.1	0.2	0.2	0.4	0.6
无"工资—价格冲击"的CPI通胀	**2.6**	**3.7**	**5.0**	**4.7**	**5.4**	**5.5**
实际失业率(第4季度)	**5.6**	**5.6**	**5.3**	**4.7**	**4.4**	**4.1**
差异不包括:						
福利冲击	0.0	0.0	0.4	0.9	0.9	0.7
实际汇率升值	0.0	0.0	-0.1	-0.4	-1.4	-2.5
1996年第1季度之后的石油价格波动	0.0	0.0	-0.1	-0.1	0.1	0.4
无"工资—价格冲击"的失业率	**5.6**	**5.6**	**5.5**	**5.1**	**4.0**	**2.7**

数据来源:作者计算得出。

根据FRB-US模型,福利水平、汇率、石油价格和CPI度量方法改变的综合影响是:轻微降低了1997年至1999年间的失业率,大幅降低了同期的通货膨胀。记住,图6.1展示的是1997年和1998年的低通胀率。若没有上述的冲击,模型显示在1994年至1998年间通胀将会增加两个百分点,从而在1998年达到

4.6%。根据 WUMM 模型,这些冲击对 1997 年至 1998 年间的平均失业率的净效应是微乎其微的,但却大幅度降低了 1995 年至 1999 年间每年的通胀水平。若没有上述冲击,通胀将会从 1994 年的2.6% 增加到 1998 年的 5.4%,而不是下降到 1.5%。

那么,表 6.5 和表 6.6 中列出的四个供给冲击是否解释了 1994 年底至 1998 年年底之间的通货膨胀和失业实际发生了什么情况?两个模型都表明,这四个供给冲击提供了解释。在联邦基金实际利率保持不变的情况下,两个模型的估计结果显示,在这四年间供给冲击几乎没有改变平均失业率,但使 1998 年的通胀率降低了 3.1 个百分点(在 FRB-US 模型中)或3.9 个百分点(在 WUMM 模型中)。这些都是非常大的影响。通过比较可发现这两个模型的差异很小。

为了透彻认识这些估计结果,假设你认为 NAIRU 大约为 6%,正如许多经济学家(和美联储)在 1994 年认为的那样。然后,从 1994 年年底至 1998 年年底,美国经济一直维持 3.6% 的年均失业率,而这一失业率水平低于 6%。根据被普遍接受的菲利普斯曲线经验法则,这样的失业率水平应当推高通货膨胀约 1.8 个百分点。事实相反,通胀率下降了 1.1 个百分点。这一差值——令人惊讶的 2.9 个百分点——非常接近 FRB-US 模型中估计的由供给冲击带来的反通胀影响(但低于 WUMM 模型中的估计)。简言之,根据这两个模型,四大供给冲击解释(依据FRB-US模型)或过度解释了(依据WUMM模型)通胀率的下降。根据这两个模型,若没有这些冲击,在1998年年底的时候通胀可能上升至5%左右的区间。

美联储对供给冲击的思考

这些有利的价格走势推动了通货膨胀率的下降,美联储也许有些惊讶,但是是乐见其成的。尽管意识到有利的供给冲击能够保持低失业率与稳定甚至下降的通货膨胀在一段时间内共存,但美国联邦公开市场委员会仍有一份挥之不去的担忧:这样的好运可能即将结束,通胀将会再次上升。委员们有理由担忧强势美元和低油价带来的反通胀的好处只是暂时的,同时也担心一旦对工人实施管理式医疗计划以及弱势劳动力市场的"创伤"从记忆中消失后,员工福利将会快速上升。美联储理事劳伦斯·迈耶开始将这段时期称为"短暂的快乐期"。[①]

但是,如果通胀的出色表现变成永久的"福音",或者至少持续一段非常长的时间,这样的概率有多大?就在幸运时期(1996~1998

① 参见劳伦斯·迈耶于1998年10月5日在华盛顿哥伦比亚特区举行的全美商业经济协会40周年年会上的发言。

年),被市场认为通胀鹰派人士的格林斯潘,被委员会认为是新经济思想最热心的倡导者,提出:生产率的提高和工人的不安全感降低了福利和通货膨胀——这样的情况可能会持续相当一段时期。这一观点使得在面对异常低失业率时继续按兵不动的策略显得更加合理,而格林斯潘领导其委员会(这个委员会有时候略显固执)当时恰恰也是这么做的。美联储只上调过一次利率,仅仅25个基点(1997年3月)。

许多外部观察人士和一些美国联邦公开市场委员会内部人士认为"鸽派"格林斯潘正在"挑战极限"。1996年至1997年间,一两个委员偶尔对紧缩政策提出了异议,会议记录很清晰的表明,其他人也持有相似的观点,但并没有反对主席。然而,考虑到结构调整的不确定性增加,以及通胀降低而非上升的事实,格林斯潘说服了他的委员会不要"先发制人"地攻击通胀,而是等看到通胀时再去行动。当然,这种情况从未发生。

在一系列的演讲中,迈耶对美联储战略改变所进行的辩护既清晰又充满智慧——放弃以前采取的先发制人而采取按兵不动策略。[①] 这

① 参见劳伦斯·迈耶1997年1月16日在北卡罗来纳的夏洛特经济俱乐部上的发言;在1997年9月12日华盛顿哥伦比亚特区的PSA债券市场交易协会固定收益峰会上发表的题为"货币政策和债券市场:补充或替代?"的演讲;以及,在2000年3月联邦储备银行旧金山分行发表的题为"结构改变和货币政策"的发言。

样做的核心理由相当简单。先发制人策略一定程度上依赖于预测通货膨胀(尽管不完美)的能力。由于 NAIRU 和影响菲利普斯曲线的其他因素存在极度不确定性，一些人可能会认为，基于预测来采取行动不再具有意义，因为出现重大政策失误的风险实在太大。相反，迈耶建议，美联储应当等待，直到看到通胀上升的清晰证据后再行动。但他随后补充到，由于美联储最终采取行动时将“落后于曲线”，故应当大幅提高利率。

抛开这场学术辩论，也抛开美国联邦公开市场委员会内部的异议，没有人会认为美国联邦公开市场委员会让失业率下降到三十年低点的“实验”是一个有意为之的政策决定。这种结果从很大程度上讲是无意造成的。1996 年至 1998 年的大部分时间，美联储和多数预测者一样，一直对于总需求如此强劲以及失业率的下降感到震惊。我们很难相信，委员会故意选择将失业率降低到 5% 以下，更不用说降低到 4% 。事实上，相当多美国联邦公开市场委员会成员的观点与一般工作人员的预测一致——如果失业率保持在现行的水平，更高的通胀是有可能的。与那些资深经济学家所形成的共识一样，美联储工作人员通常预测，经济增长放缓就在眼前。但是经济增长放缓从未变成现实。相反，随着经济增长不断超预期，以及失业率持续下降，美联储并试图推动失业率回到任何先前预设的 NAIRU 水平,这才是美联储真正的实验。

需求冲击在幸运时期所扮演的角色

一种说法是 1996 ~ 1998 年间,需求超预期走强可以被认为是源自近乎脱离地球引力的股票市场上涨,在刺激需求增长的同时,也使个人储蓄率下降①。因此,股票市场成为了美联储关注的焦点。1996 年 11 月召开的一次顾问委员会会议上,理事会听到了一些学院派经济学家和华尔街分析师——包括股票市场空头罗伯特·希勒(Robert Shiller)和约翰·坎贝尔(John Campbell)——对股票市场的看法。在接下来一个月的一次演讲中,格林斯潘加了一段著名的"沉思":"但是,我们怎么知道非理性繁荣到底会在什么时候不恰当地加剧资产泡沫?这些泡沫哪些会意想不到地陷入长期颓势……我们应该怎样把这些评估结

---

① 在这段时期(1996 ~ 1998 年)以及其他一些时期,模型对股票市场上涨导致储蓄率降低的解释是相当成功的。

果纳入货币政策呢?"[①]也就是那一次,格林斯潘在英语中创造了一个新的词语——非理性繁荣。如此"放声思考"——据说是美联储主席三十年来第一次讨论股市估值——引发了一小波短暂的恐慌性抛售潮。

股票市场获利终止或逆转的观点(一般都不太准确)是一个预测经济放缓的判断标准。但是股票市场上涨并不是预测经济上行的唯一信号,商业投资也是预测信号。20 世纪 90 年代后半期,一个未识别出来的生产率冲击带动了总供给和总需求的增长,这与股市价格和资本形成的走势是一致的。

不过,1997 年夏天,亚洲的一系列事件导致人们开始怀疑美国经济扩张的可持续性时,美联储似乎准备进一步收紧货币政策。7 月,泰铢遭受投机性攻击并且贬值。令人惊讶的是,在 8 月联邦公开市场委员会的会议纪要中并没有涉及泰国的情况。但是很少有观察家最初就想到这一插曲将会标志着全球金融危机的开始,从某种程度上讲,此次金融危机对全球的持续影响会

---

① 1996 年 12 月 5 日艾伦·格林斯潘在美国企业公共政策研究所(The American Enterprise Institute for Public Policy Research)发表了一场题为"民主社会中央银行的挑战"(The Challenge of Central Banking in a Democratic Society)的演讲。

超过一年时间。

然而，到 9 月，这场危机已经扩散到印度尼西亚(Indonesia)、马来西亚(Malaysia)、菲律宾(Philippines)、新加坡(Singapore)和中国台湾地区(Taiwan)，让其汇率也出现浮动；传染效应波及香港(Hong Kong)。日益恶化的国际形势彻底改变了美国联邦公开市场委员会之前的测算。美联储意识到亚洲的冲击将会降低通胀压力并削减美国的出口。此外，金融危机存在继续扩散的危险——从而创造更多的下行风险。这样，此次危机为在持续变紧的劳动力市场的背景环境下仍然选择按兵不动的政策提供了一个合理的解释。①

持续按兵不动的策略可能也被这样一种担忧所推动——进一步紧缩将增加危机国家及他们主要贸易伙伴的财政压力，从而使日益恶化的国际金融形势进一步加剧。财政部部长罗伯特·鲁宾(Robert Rubin)多次催促 G-7 成员国继续实施扩张性政策，包括货币政策，以缓解全球经济正在加剧的下行风险。如果美国采取紧缩的货币政策，先不管其国内的逻辑，都将会破坏这一更加广泛的经济议程。1998 年 5 月美联储公开市场委员会会

① 参见美国联邦公开市场委员会 1997 年 9 月的会议纪要。

议纪要表明委员会的不作为在某种程度上是因为“亚洲金融市场已经非常敏感，即使是一个中度紧缩的行动也有可能对其产生过分巨大的影响。”根据美联储的法定职责，美联储不能仅因为要改善国外经济状况而采取或不采取政策，因此，委员会采取了如下措辞：“由此产生的不确定性也许会对美国金融市场——进而，随着时间的推移，对美国经济——有实质性的负面影响”。

直到 1998 年春天，美联储再一次把手指放到了“利率”的扳机上。但是，又一次，没有开火。仅仅几个月后，即 1998 年 8 月，俄罗斯的货币贬值和违约戏剧性地改变了经济前景、风险和美联储的政策。1998 年 9 月至 11 月间，美联储实际上下调了 75 个基点以应对不断恶化的金融危机。首次下调是在俄罗斯违约之后，在大幅上升的风险利差面前，美国银行的贷款也更加谨慎，股票价格下降，全球经济增长的前景明显下滑。第二次下调是一次罕见的内部会议的决议。这次内部会议是在长期资本管理公司这个大型对冲基金（尽管它几乎没做任何对冲操作）崩盘以后召开的。崩盘所造成的后果是给大多数金融市场造成了短暂但却可怕的流动性枯竭，风险利差上升到了吓人的水平。①

---

① 例如，这是 30 年期国债和 29 年期国债收益产生惊人差距的时候。

因此,如果不是国外发生这样出人意料而又预兆不好的事件,美联储很有可能在1997年和1998年再一次紧缩货币政策。而美联储按兵不动政策的期限也就再次被意外延长了。

七、按兵不动政策的结束

在黄金年代,大部分供给冲击使通货膨胀保持在较低的水平,但是到了 1999 年年初,这些供给冲击已经大部分消退甚至逆转。尽管如此,失业率和核心通胀率却仍在一点点下降。然而,到了 6 月,美联储终于对按兵不动的政策失去了耐心,联邦公开市场委员会(FOMC)开始实行紧缩政策(如前图 5.2 所示),将联邦基金利率从 1999 年 6 月的 4.75% 提高至 2000 年 5 月的 6.5%。这是 20 世纪 90 年代美联储第二次试图让经济实现软着陆。

由于至少某些正向供给冲击本身具有暂时性,所以当这些冲击开始消退或者逆转时,经济学家几乎没有感到意外:

- 美元对广义一篮子货币的汇率于 1998 年 8 月见顶,并在此后1999年一整年中都在峰值附近窄幅波动。进口价格的下降所带来的反通胀效果逐步缩减,直至最后停滞。

• 能源价格在1999年开始逆转。随着石油输出国组织(OPEC)的减产和全球经济的复苏,石油价格在1999年上涨了93%,完全逆转了其下降的趋势,在2000年更是进一步上涨。如表6.1所示,尽管核心通胀率在1999年基本保持稳中有降但能源价格的上涨对整体通货膨胀率的推动仍超过1个百分点。

• 长久以来,预测者都在担心,一旦按服务收费(fee-for-service)模式转换到管理式医疗(managed care)模式带来的一次性收益耗尽,雇主因雇员的医疗福利而支付的成本会再次增加。这也确实成为现实。1999年年底,医疗福利成本开始急剧增加。

• 甚至连计算机和半导体产业的价格都开始出现下滑趋势,其年增长率已经从黄金年代的近30%下降至1999年的"仅仅"21%(基于质量调整基数)。

尽管如此,在1999年,核心通胀率仍在下降。为何幸运年代的那些有利因素发生逆转之后,通货膨胀在1999年仍然会保持在低位呢?也许最合理的解释是在抑制单位劳动力成本的情况下生产率的加速提高。1996年至1999年间,生产率平均每年提高2.5%,几乎比1991年至1995年的平均增长率整整高出1个百分点。但是更为重要的是，生产率在此期间实际上是在加速提高，年增长率在1999年达到了惊人的4.1%。其后果就是，当年单位劳动力成本的年增长率仅仅只有0.7%[①]。最终来看，生产率的加速提高对于通货膨胀的影响远大于有利的供给冲击消失产生的影响。虽然这个全新的观点大家可能还无法完全理解，但这一现象确实值得我们详加研究。

---

① 1995年至1999年间，以就业成本指数(employment cost index)衡量的名义薪酬增长率仅略微提高，以第4季度环比增长率来看，从1995年的2.7%上升到了1999年的3.4%。然而，2000年的前3个季度，ECI薪酬的年增长率高达4.5%。以另一种方式衡量的非农部门薪酬水平增长率在1999年出现了较快的加速，从1995年的2.6%上升到了1999年的4.7%。但是，1998年年中至2000年第1季度，以这种方式衡量的非农部门薪酬水平增长率在下降。

八、生产率增长与计算机价格

新经济(New Economy)观点的倡导者们认为,计算机和信息技术改变了美国企业,并且使其生产率加速提高。但是直到1998年,他们都无法用数据来直接证明这一观点。生产率的增长速度确实在一定程度上提高了,但常规的统计检验将这种提高归因于经济的周期性上扬;没有任何实际证据显示生产率的潜在性趋势有任何变化[①]。但是,关于计算机和互联网“正在改变一切”的故事越来越多。简单地说,“索洛悖论”(Solow's paradox)流行一时:计算机随处可见,但有关计算机生产率的影

① 当产出快速增长时,就意味着生产率在提高,这是长久以来的一个共识。

响统计数据中却找不到[①]。

尽管如此,有些人持有很有趣的观点:尽管从官方的数据(无法察觉),但生产率实际上是在快速提高。这样就可以解释为什么投资如此强劲,企业盈利增长如此迅速,股市估值如此暴涨。国民经济核算显示,收入的增长速度要明显快于生产率的增长速度(这实际上是不可能的)。这种统计学上的差异同样暗示了生产率的增长速度可能要高于官方(产品方)测量的数据。艾伦·格林斯潘便是这种更乐观的观点的主要倡导者之一。

从事后视角来看,经过对数据进行多次修正,我们可以很好地证实这一观点:1996 年至 1999 年间,生产率的增长比 1991 年至 1995 年间高出约整整 1 个百分点。统计证实,生产率的增长趋势在 1995 年年末或者 1996 年年初出现了一个拐点,如图 8.1 所示。从图中我们可以清楚地看到,生产率在 1995 年年底的某个时候开始加速提高。但这一变化在现实生活中体现得不太明显。

---

① 参见罗伯特·索洛的文章,载《纽约时报·书评》,1987 年 7 月 12 日,第 36 页。

图 8.1　非农部门生产率的 4 年期平均增长率(1963～2000 年)

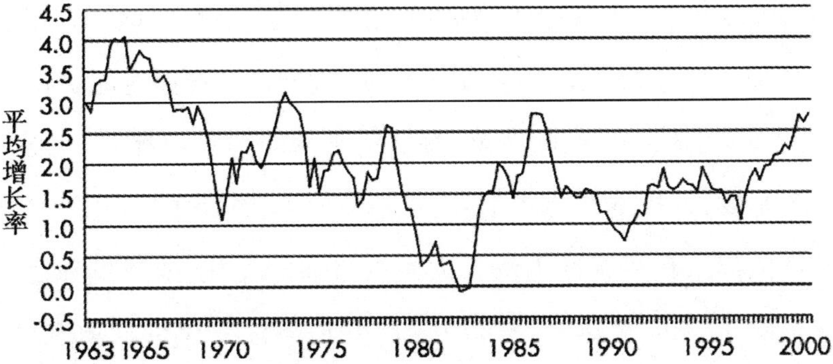

数据来源:美国劳工部劳工统计局。

通过一些简单的回归估算,即可说明统计结果的巨大反差。用非农部门的生产时间和产出量的季度数据对下面这个简单模型进行估计,可以区分生产率的趋势性增长和周期性增长:

(4) h_t = 常数项 + $a_1 y_t$ + $a_2 y_{t-1}$ + $b_1 h_{t-1}$ + $b_2 h_{t-2}$ + 时间趋势 + 误差项

其中,h 是工作时间的自然对数,y 是产出的自然对数。因此,生产率就可表示为 y - h。(该方程的)约束条件为 $a_1 + a_2 + b_1 + b_2 = 1$,即工作时间和产出在长期中是成比例变化的,从而可以确保产出对于生产率的任何影响都只是暂时的。这样,我们就可以区分周期性增长与趋势性增长。对不同的时间段赋予不同的虚拟变量,我们就可以找出生产率的趋势性拐点。我们通过回归估算了三组不同的时间趋势样本，以验证生产率的两次结构性拐点：一个开始于 1973 年第 3 季度（生产率增长速度放缓），另一个开始于 1995 年第 4 季度（生产率增长速度加快）。

表 8.1 列示了回归结果，每次估算的样本起点都是 1959 年第 3 季度，但样本终点各有不同。由于回归方程的其他系数的估计值都没有随着样本的扩大而发生显著变化，故我们在表中只列出了 1995 年第 4 季度的生产率趋势性变化估计值及其 t 值。

表 8.1 方程（4）在不同样本终点下的回归结果

统计的时间终点	趋势变化估计值（%）	t 比值
1996 年第 4 季度	+0.82	0.52
1997 年第 1 季度	+0.58	0.46
1997 年第 2 季度	+0.71	0.70
1997 年第 3 季度	+1.06	1.24
1997 年第 4 季度	+0.96	1.30
1998 年第 1 季度	+0.98	1.52
1998 年第 2 季度	+1.11	1.95
1998 年第 3 季度	+1.10	2.14
1998 年第 4 季度	+0.99	2.12
1999 年第 1 季度	+1.11	2.62
1999 年第 2 季度	+1.02	2.60

续表

统计的时间终点	趋势变化估计值(%)	t 比值
1999 年第 3 季度	+1.07	2.94
1999 年第 4 季度	+1.18	3.44
2000 年第 1 季度	+1.22	3.75
2000 年第 2 季度	+1.39	4.40
2000 年第 3 季度	+1.51	4.87
2000 年第 4 季度	+1.61	5.26

数据来源:作者计算所得。

很显然,直至 1998 年年初,都没有实质性的统计证据表明生产率出现了趋势性的提高,尽管点估计(point estimation)的结果表明其增长速度要比 1973 年至 1995 年间高出约 1 个百分点(t 值最高的是以 1998 年第 1 季度为终点的样本,但也只有1.52,相应的 P 值为 0.13)。但从那以后,回归结果出现了巨大的变化。当我们将 1998 年第 3 季度的数据加入样本之后,1995 年第 4 季度的生产率趋势性变化的点估计值仍然是约 1 个百分点左右,但其 t 值已提高至 2.14(P 值 =0.03)。当样本中加入了 1999 年第 4 季度之后,t 值达到了 3.44(P 值 =0.0007),趋势性变化的点估计值是约为 1.2%。总之,直到 1998 年年中至年底,我们才能用数据验证生产率的增长速度在快速提高这一观点。

是什么导致了生产率的快速提高呢? 和半导体的技术进步

可能是最主要的原因,它可以从直接和间接两个方面对生产率产生影响。首先,计算机产业生产率的显著提高对于整体经济生产率的提高有着直接而且主要的贡献。其次,计算机和软件价格的下降导致整个经济对于计算机的投资和使用增加,即所谓的资本深化(capital deepening)。最后,信息技术的进步会使密集使用计算机的经济部门生产率提高,这一点也是最受争议的。

图 8.2 显示了计算机价格的大幅变化。1980 年至 1995 年的 15 年间,计算机的名义价格以年平均约 14% 的速度下降,此后三年,其下降速度高达 25% 至 30% 。随着摩尔定律(Moore's Law)被突破①,这些价格的大幅下跌反映了该行业全要素生产率(total factor productivity,TFP)的快速提高。虽然计算机和半导体产业仅占非农部门产出的 1.5% ,但美联储经济学家斯蒂芬·奥利勒(Stephen Oliner)和丹尼尔·西谢尔(Daniel Sichel)的研究表明,在 20 世纪 90 年代的后五年,计算机产业全要素生产率的提高足以带动整体经济的全要素生产率提升约0.35个百

---

① 即所谓的"英特尔的戈登·摩尔"。摩尔定律预言,集成电路晶体管的数量将每 18 个月翻一番。

分点①。据其测算,计算机产业对全要素生产率的贡献与其他所有非农部门的贡献相当。美国西北大学(Northwestern University)经济学家罗伯特·戈登(Robert Gordon)的估算结果与奥利勒和西谢尔相同,但他认为经济其他部门的全要素生产率没有提高②。这一差异的原因在于戈登进行了周期性调整,而奥利勒和西谢尔没有。

图8.2 计算机价格的变化

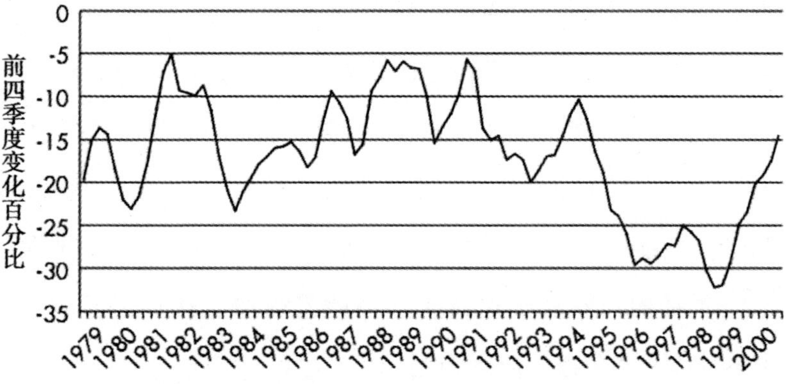

数据来源:美国商务部经济分析局。

---

① 参见斯蒂芬·奥利勒、丹尼尔·西谢尔:"二十世纪九十年代后期的经济增长复苏:是受益于信息技术的推动吗?",美联储理事会(Board of Governors of the Federal Reserve),华盛顿特区,2000年3月。

② 参见罗伯特·J.戈登:"'新经济'超越了过去的伟大发明?",载《经济展望杂志》,第14.4期(2000年秋季刊),第49~74页。

除了这种直接影响，常常被人们忽略的是，计算机和信息技术设备的快速降价也通过一种重要的间接渠道提高了生产率的增长速度：设备价格的降低引发了投资热潮[①]。1999年，实际投资占GDP的比重到达了战后时期的顶峰，而大量新增的投资都集中于高科技设备和软件方面。奥利勒和西谢尔估计，1996年至1999年间，几乎所有的新增投资都集中在计算机和信息技术设备产业[②]，这种资本深化使生产率的增长率提高了0.5%。现在回想起来，其中的一些高科技投资很可能已经成为1998年至2000年间的巨大投机泡沫的一部分，但当时几乎没人察觉。

当然，生产率增长速度的提高对于人们的长期生活水平来说是一个非常好的消息，尤其是它发生在令人失望的实际工资增长非常缓慢的几十年之后。然而，从失业和通货膨胀的角度来看，关键的问题在于这种生产率的提高是否影响了菲利普斯曲线，如果是，又是如何影响的。

一个可能的逻辑是，这种生产率冲击降低了“短期NAIRU”

---

① 根据基本的投资理论，区分价格较低与价格降低对资产成本的不同影响非常重要，因而它们对投资的影响也非常重要。较低的资产价格会刺激投资支出。但是，如果（预期）资产价格快速下降，则会阻碍投资支持，因为它意味着（预期）资产的损失。在实践中，资产价格的影响非常重要。

② 奥利勒、西谢尔，同上页注释①。

(short-run NAIRU)。至少在一段时期之内,失业率与稳定的通货膨胀是相一致的,这是因为单位劳动力成本的涨幅有限(尽管当时的名义工资在增加)。但是,如上面的方程式(1)所示,假设单位劳动力成本的路径没有改变,生产率的快速增长不应该意味着工资协议的变更速度更快吗?毕竟经济学家通常是这样假设的,即 $x^w = x^f$。但是,生产率增长加速度的提高可能至少在一段时间内是无法被人们察觉的。此外,工人的实际工资诉求,体现出的工资谈判力(x^w),可能已经由于之前二十多年实际工资的停滞增长而被压制了,因而没有及时反映出生产率的增长①。这两种假设在一定意义上是不同的。但是他们却通过可观测变量得出了几乎相同的结论。在这两种假设中,工资协议的变更速度相对于当时生产率的快速提高来说"太慢"了。

工资协议的变更没能跟上生产率增长的步伐,这反过来会产生两个主要影响。首先,劳动力相对其生产率来说突然变得便宜了,企业自然会扩大招聘。所以,失业率就会下降。其次,

---

① 参见劳伦斯·波尔(Laurence Ball)、罗伯特·莫菲特(Robert Moffitt):"生产率增长与菲利普斯曲线",拉塞尔·塞奇—世纪基金会(Century Foundation-Russell Sage Foundation)会议(关于就业的可持续问题)论文,2001年1月。

单位劳动力成本的路径向下移动,缓解了公司提高其产品价格的压力。因此,通货膨胀率也会下降。简单来说,生产率增长速度的意外提高会同时降低失业率和通货膨胀率,20 世纪 90 年代的情况恰好印证了这一逻辑①。事实上,这一逻辑在解释 20 世纪 70 年代的滞胀问题时已被广泛认可,不过当时的情况恰好相反。20 世纪 70 年代,原因不明的生产率增速下降导致工资协议变更"过度",从而使通货膨胀上升、就业下降。20 世纪 90 年代,原因不明的生产率增速提高正好产生了相反的效果。

为了量化生产率提高的影响,我们再次利用前文中的两个宏观经济计量模型进行分析(这两个模型假设联邦基金实际利率维持在基准水平)。但是,由于两个模型对于生产率的趋势性变化做了不同的处理,我们要用两种完全不同的方式进行模拟。我们首先使用 FRB-US 模型,该模型假设非农部门的生产率在

① 通过包含了生产率增长变量的美国菲利普斯曲线,我们可以看到较低的低效率增长对于通胀显著(却又短暂)的反向影响。参见史蒂芬·N. 布劳恩(Steven N. Braun):"生产率与自然失业率(菲利普斯曲线的另一种表述方式)",载第 34 号工作论文,美联储委员会,经济活动部,1984 年;和史蒂芬·N. 布劳恩、罗恩·臣(Ron Chen):"将自然失业率作为一种政策目标:改进、问题和挑战",未发表手稿,1996 年;以及《总统经济报告》,2000 年 2 月,第 90 ~ 91 页。

1994 年之后没有增长[①]。

如表 8.2 所示，FRB-US 模型的估计结果表明，生产率的提高对于总需求提升效果甚至超过了对于总供给的提升效果。财富效应刺激了消费，较快的 GDP 增长率刺激住房和耐用消费品需求、商业投资显著加速。结果是，非农部门劳动生产率趋势性地上升 5.4 个百分点，推动模型模拟最后一年的潜在实际 GDP 提高了约 4.3%，推动实际 GDP 增长率的提高，在这 6 年中每年约提高 1.15 个百分点，也使得 GDP 增加了 6.8 个百分点。所以，到了 1999 年年底，失业率实际上降低了 1.3 个百分点。尽管最初几年，通货膨胀率在生产率快速提高的冲击下略微下降，但随着时间的推移，较低的失业率最终促使通货膨胀率缓慢上升，到 1999 年已略高于基准水平[②]。

---

① 该模拟模型假设，1993 年以后，非农部门的劳动生产率按照 1974 年至 1993 年的平均增长率增长，即每年约 1.5%，而不是急剧地加速增长。非农部门的趋势性生产率及其增长速度相对于基准水平的偏差如表 8.2 最后两行所示。

② 在 FRB-US 模拟模型中，我们对实际联邦基金利率进行了调整，以使失业率保持在基准水平。相同的生产率冲击会使通货膨胀率相对 1999 年的基准水平下降 0.7%。

表 8.2　1993 年后生产率趋势性上升的影响
（假设联邦基金利率维持在基准水平）

偏离基准水平程度	模型	1996 年第 4 季度	1997 年第 4 季度	1998 年第 4 季度	1999 年第 4 季度
实际 GDP 增长（第 4 季度同比）	WUMM	0.9	1.2	0.9	1.1
	FRB-US	1.1	1.3	1.7	1.6
CPI 通胀率（第 4 季度同比）	WUMM	-0.9	-1.1	-1.4	-1.7
	FRB-US	-0.3	-0.2	-0.0	0.3
失业率（差异）	WUMM	0.1	0.0	0.1	0.0
	FRB-US	-0.4	-0.7	-1.0	-1.3
非农部门劳动生产力趋势性变化（差异百分比）	Both	1.5	2.5	3.9	5.4
非农部门劳动生产力趋势增长率，第 4 季度同比（差异）	Both	0.7	1.0	1.3	1.5

数据来源：作者计算所得。

用 WUMM 模型来进行比较模拟，我们首先要弄清楚，如果计算机产业的全要素生产率的上升速度没有提高，结果会如何？因此，我们假设计算机的相对价格在其 1993 年的水平上保持匀速下降趋势（在该模型中，年均下降速度为 7.5%），以排除 1994 年之后技术进步显著加速的情形①。但是这仅抵消了 1994 年之

① 在 WUMM 模型中，这种相对价格用 PDE－计算机价格指数对非农部门价格指数的比值来表示。

后的生产率激增的部分影响，所以我们又下调了电脑领域之外的全要素生产率，使其正好模拟 FRB-US 模型中非农部门生产率下降的部分。

在 WUMM 模型模拟中，生产率冲击对总供给和总需求的影响可以大致相互抵消，于是，如果保持联邦基金实际利率不变的货币政策，失业率会基本不变。根据 WUMM 模型，生产率冲击使实际 GDP 的增长率大约每年提高 1 个百分点，同时，使通货膨胀率到 1999 年已显著下降达 1.7%。两个模型都说明，1995 年之后，生产率的加速提高降低了通货膨胀率，但用 WUMM 模型估算出的作用效果要更大一些。

一个自然而然的疑问就是，为什么生产率的快速提高对降低通货膨胀的影响在这两个模型中的估算结果有如此大的差异？其中一个原因就是，生产率冲击所产生的红利被不成比例地分配到了 FRB-US 模型中的低失业率以及 WUMM 模型中的低通货膨胀之中。此外，两个模型处理工资与价格的动态变化的方式也不一样。FRB-US 模型包含了工资和价格对生产率冲击的滞后差分，即 $x^w < x^f$，这与经典的菲利普斯曲线模型类似，如上面的方程式(1)、(2)、(3)。若生产率出现一次跳跃性的增长，则价格的调整可能需要约一年时间，而工资预期的调整所需

时间更长,也许是三年。所以,可以假设,在两年之中 $x^w > x^f$ 是成立的。

在 WUMM 模型中,这种不对称性更为明显,并且持续的时间更长。名义工资的增长对于生产率冲击的反应特别迟缓,对比方程式(1)可知其原因:WUMM 模型假设影响工资谈判力的是过去的名义工资增长率,而不是预期的通货膨胀率或者察觉到的生产率增长。因此总体来说,两个模型都认为,20 世纪 90 年代后半段的生产率冲击对经济运行都产生了深远的影响。但是,关于生产率冲击对"反通胀"(disinflation)的影响大小和持续时间,两个模型有着不同的看法[①]。

生产率的提高会对菲利普斯曲线产生影响,这一假设是否能解释现实中的经济现象呢?如果没有可观测的生产率增长和工资诉求的真实数据,这一点是不能确定的。但注意这种误解所导致的一个关键后果:人们在近些年所享受到的低通货膨胀和低失业率同时出现的不平凡现象,这种情况基本上都是短暂而不可持续的。随着工人逐渐认识到生产率在加速上升,他们

---

① 生产率冲击对于菲利普斯曲线的影响可以用另一种方法来总结,即它对短期自然失业率的影响。20 世纪 90 年代后半期,自然失业率在下降,FRB-US 模型估计约为 0.4 个百分点,WUMM 模型估计约为 0.8 个百分点。

会要求更大的实际工资涨幅。随着企业开始提高工人的工资，其成本便会上升。基于这种观点，随着人们逐渐意识到了现实经济的变化，短期菲利普斯曲线就会回到其原先的位置。从理论分析角度和两个模型的模拟结果可以看出，低通货膨胀和低失业率同时出现的“天赐良机”只是暂时的。

如果在菲利普斯曲线移动的过程中，实际工资诉求存在滞后，那么或多或少也会出现这种“天赐良机”的现象。然而，如果劳动力的议价能力出现持久性的弱势，这种现象的持续时间将会更长。在这种情况下，菲利普斯曲线的有利移动也会持续更长的时间。

供给冲击的影响：总结

在20世纪90年代后半段，美国经济的运气非常好：生产率快速上升、社会福利成本增速放缓、美元升值、石油价格下跌以及一系列测量方法的改变降低了通货膨胀。如果没有出现这些有利的冲击，美国经济在1994年之后会发生怎样的变化呢？(其实美联储从未将联邦基金实际利率保持在其历史水平）表8.3总结了我们用上述两个宏观经济计量模型模拟得出的结论，这一结论实际上是我们将生产率冲击的影响加入了之前表6.5

和表6.6后所得出的结果。

表8.3　1994年后供给冲击对通货膨胀和失业的影响
(实际联邦基金利率维持在基准水平)

	模型	1993	1994	1995	1996	1997	1998	1999
实际CPI通胀(第4季度同比)		2.7	2.6	2.7	3.1	1.9	1.5	2.6
去冲击的CPI通胀	WUMM FRB-US	2.7 2.7	2.8 2.6	4.4 3.3	5.9 4.2	5.8 3.9	6.8 4.6	7.2 4.2
实际失业率(第4季度)		6.6	5.6	5.6	5.3	4.7	4.4	4.1
去冲击的失业率	WUMM FRB-US	6.6 6.6	5.4 5.6	5.4 5.8	5.4 5.8	5.1 5.9	3.9 5.7	2.7 5.3

数据来源:作者计算所得。

根据FRB-US模型,失业率本来会保持在5%至6%的范围内,基本与1994年持平。然而,通货膨胀率会从2.5%左右上升到4%以上。也就是说,当年的宏观经济奇迹根本不会出现。而WUMM模型的结论却不太一样。根据该模型模拟结果,当时美联储的实际货币政策会变得毫无压力,因为失业率会最终降低至3%以下。毫无疑问,通货膨胀率的上升幅度会更大,20世纪90年代末期会高达7%以上。这些估算结果表明,一旦考虑到了生产率的趋势性增长,所有的供给冲击加起来足以解释1994年之后通货膨胀率的出色表现。根据这两个模型,冲击对菲利普斯曲线的有利影响是如此之大,但为何通货膨胀率却没有更降低呢？这一疑问留待后文解决。

九、1999 年及以后的货币政策

1999 年中期左右,美联储放弃了原来的“静观其变”政策(watchful waiting),开始采取措施试图放缓总需求增速,以匹配总供给增速,从而阻止劳动力市场的进一步紧张。在美联储做出这个决定之时,失业率已下降至 4.2%,有利的供给冲击效果已经终止或正在逆转,全球经济明显复苏。这看起来像是利率上升的充分理由。但是联邦公开市场委员会(FOMC)仍然没有看到通货膨胀上升的迹象。当时生产率正急剧增长,美联储认为长期持续的低通胀水平已经降低了通胀预期,因此也降低了劳动报酬增长速度。既然如此,那为什么还要采取紧缩政策呢?

美联储最终转向紧缩政策是因为他们认识到,除非利率提高,否则总需求增速不可能会放慢至(现在高于)潜在产出的预期增速。联邦公开市场委员会已经预期并等待这样的经济放缓很长一段时间了。当时的会议纪要表明,委员们实际上已经同意各自保留对结构性变化是否会永久降低 NAIRU 的不同意见。即使生产率增速仍在上升,一些委员对在没有通胀上升的情形下失业率可以长期保持低至 4.2% 的水平明显持怀疑态度。其他成员(可能包括艾伦·格林斯潘在内)则对 NAIRU 方法不那么着迷。他们更愿意相信工资设定行为(wage-setting behavior)已经改变,更接受生产率会增长更快的可能性。但即使是美联储的鸽派也认为,如果任由劳动力市场继续紧张的话,通货膨胀风险将会加剧。提高联邦基金利率(the federal funds rate)水平,使总需求增速放缓至潜在水平,从而保持失业率不变的策略是一种中间立场,因为这种策略虽然降低了通货膨胀上升的风险,但并没有完全消除这种风险。

另外一个调高联邦基金利率的原因是,美联储认为经济体对消费品和投资品的需求都增加了,进而提高了联邦基金实际利率的均衡水平。为了解释联邦公开市场委员会的决定,格林斯潘指出,生产率的加速增长抬高了均衡的实际利率水平。他说,更快的生产率增长不仅提高潜在 GDP 的增长率,而且会提高实际 GDP 的增长率,如表 8.2 中的 FRB-US 模型所示。有两个途径造成这种结果,一种途径是通过投资影响,即计算机价格的下降和科技创新提高了预期实际报酬率,投资函数图像就会向外移动;另一个途径是通过消费影响,即繁荣的股市所产生的财富效应使消费增速超出了收入增速。①

反过来,股价飙升反映出预期未来收入水平的上升,这是生产率激增的另一个可预见的结果。除此之外,许多经济学家认为,有充分的理由说明股票溢价可能已经下降②。然而,许多观察者,不论是经济学家还是非经济学家,仍然怀疑股价的走势是否真的能够用"经济基本面"(fundamentals)的改善来解释,即使这种解释行得通。如果"非理性繁荣"(irrational exuberance)因素和对未来收入流的理性预期因素相比,以相同(或者更多)的程度解释了急剧上涨的股价的话,那么经济体就是部分处在虚假繁荣状态。这种可能性在 1998 年和 1999 年着实让美联储忧心忡忡,而到 2000 年年末显然成了大概率事件。

当然,联邦基金利率上升抑制总需求的途径之一就是抑制

---

① 个人储蓄率从 1992 年的 8.7% 降至 1999 年的 2.2%(之后转向了微小的负数)。

② 举一个极端的例子,参见 James Glassman 和 Kevin Hassett:《道指 3600 点》,纽约时代图书出版社 1999 年版。在书中作者主要论证了股票零风险溢价的存在。一些不太极端的例子则认为股票溢价是下降的。

股价上涨。美联储因此而面临着一个艰难的公关任务:美联储要对公众解释清楚货币政策并不是以调节股价为目标,但又必须把股价对经济的影响考虑在内。

生产率的增长会促进国内需求的稳健增长,这一观点很有趣,经验上看来也很可信。但这并不是采取紧缩货币政策的唯一依据。更广泛的金融状况指标,除了反映出股票市场的繁荣外,还表明金融市场并没有感到过多的(流动性)压力。最重要的是,当时几乎没有需求增速放缓的迹象。这些都让美联储认为,提高的联邦基金实际利率水平是有充分理由的。所以利率向上走了。

十、奇迹般消失的财政赤字

在美联储采取先按兵不动后紧缩的政策期间，政府财政状况的改善速度惊人。我们之前讨论过，1993 年预算协议是财政政策的转折点。但是，它并没有完成削减赤字的任务，当然也没有终止党派之争。1995 年、1996 年白宫同共和党控制的国会展开了尤为激烈的预算斗争，引发了两次政府关门事件，这是国会为强制财政部对国债违约而施加的压力；争斗还导致美国政府频繁出台一系列临时拨款法案（stopgap spending bills）（所谓的临时议案）。1995 年，众议院议长纽特·金里奇（Newt Gingrich）提交的“美国之约”（Contract with America）的核心部分——平衡预算宪法修正案在众议院获得通过，在参议院也几乎通过。

然而,财政预算赤字状况改善得远比政治方面要好,比 1993 年政府部门声称的下降速度快得多:1992 年财政赤字为 2900 亿美元,1996 年下降到只有 1080 亿美元。尽管如此,但由于比尔·克林顿开始了他的第二任期,国会预算办公室预测财政赤字在 2002 年将再次升至 1880 亿美元。一些批评家错误的将这次的赤字下降归因于强劲的经济增长。尽管财政预算状况改善的部分原因(约 25%)源于周期性因素,但绝大部分改善其实反映的是更好的结构性平衡。[①]

1993 年预算协议对 1998 年之前的相机选择性支出(discretionary spending)设定了严格上限,有效地限制了政府拨款。但上限马上要到期了,国会便再次威胁通过一项平衡预算修正案。总统热切地希望完成这项工作以获得财政上的胜利,所以把在 2002 年前达成新的预算协议定为选举后的头等大事。

1997 年年初,这项政治上的磋商就开始了,尽管想要在 2002

---

① 在标准化的基础上,调整周期效应和外生因素,例如资产销售、收入统计时点在两个财年间进行的无意义的转移等,来得出有参考价值结论的一种方法。经过标准化处理后,作为潜在 GDP 的一部分的财政赤字在 1992 年至 1996 年间下降了 1.8 个百分点。参见美国国会预算办公室:《预算及经济展望:2002 ~ 2011 财年》,2001 年 1 月,表 F-3,第 141 页。

年之前达到平衡预算是可以实现,但是过程必将会非常痛苦。增税已然不在考虑范围之内;实际上,现在来看两党都支持多种减税措施。1992年至1997年间,实际相机选择性支出下降了约11%。进一步缩减支出会很困难,因为当时所有的支出削减都来自于国防预算的减少。既然国防预算再缩减的空间被认定是有限的,那就需要削减在民用支出(civilian spending)或者譬如医疗保险、公共医疗补助、社会保障等公民福利方面的支出,削减这种支出已经饱受争议——更别提那些关于减税的规模和性质的争论了。但是尽管有这些难以应付的障碍,白宫和国会最终还是达成了一项平衡预算协议,总统最终可以在对抗预算赤字的斗争中宣布胜利。

从政治学的视角来看,1997年的预算协议是一个引人注目的成就。该法案包括大幅削减福利方面,尤其在医疗保险方面——这体现了该法案的严肃性——同时它沿用了1990年以来就有效约束相机选择性支出的预算执行机制。新达成的支出限额方案承诺(能否实现不得而知),要在1998年到2002年间维持名义相机选择性支出水平基本不变(这意味着要削减实际支出)。然而,如何在四年里削减相应的约10%的实际支出,预算协议轻易地将这些决定放在了次要地位。在落实过程中国会和总统发现,在规定的限额内政府不可能正常运转,1999 财年、2000 财年和 2001 财年政府不得不动用紧急拨款和其他财政预算措施,这样一来,上限规定也就被打破了。尽管如此,1997 年预算协议设定的支出上限引发了关于预算基准的持续争论。

然而,从宏观经济学的视角来看,1997 年预算协议影响并不大。事实上,该协议的实施使 1998 年税收小幅降低,而且可选支出上限放宽,这一年预算协议反而增加了大约 210 亿美元的政府赤字。[1] 于是该法案自然也就没有在金融市场和美联储引发任何显著的反应。

但是一个小的财政预算奇迹发生了。1998 年年初,美国财政状况得到了戏剧性的改善,以至于克林顿总统都能够承诺,用新出现的政府盈余解决老龄化所带来的大量的财政难题——正如他所说,"先挽救社会保障"。一年半后,政府部门预测公众持

---

① 1997 年预算案包含很少的财政约束的一个原因是,CBO 在最后时刻宣布,在 1998 年至 2002 年,它对未来联邦税收预测平均每年低估了 450 亿美元[参见克莱·钱德勒(Clay Chandler):"美国国会预算办公室为谈判各方带来了约 2250 亿美元的意外税收",载《华盛顿邮报》1997 年 5 月 3 日第 A15 页]。最后时刻发布的这一消息使得预算谈判各方放弃了在草案中包含的一些痛苦的减税措施(参见"逃开那些困难",载《华盛顿邮报》1997 年 5 月 6 日,第 A18 页)。

有的联邦债务将在2015年之前全部还清。[①] 这个时间框架随后就被缩短了。这些想法若在几年之前想必会被视为天方夜谭。一个宣称要在2002年达到预算平衡的财政计划竟然莫名其妙地在1998年就产生了预算盈余。

财政预算盈余的出现引出了一些有趣的问题。第一个问题,简单说来就是这些盈余是如何形成的。图10.1描绘了国会预算办公室1997~2002财年的联邦预算计划,计划的制订以1997年1月至2000年7月之间大致每6个月为一个时间间隔。[②] 该图显示了一系列剧烈的上修。例如,1997年1月到2000年8月之间,国会预算办公室对2000财年的预算平衡预测从1710亿美元赤字上升到了2320亿美元盈余,上升幅度达4030亿美元。而国会预算办公室对2002财年预测的预算盈余上升幅度更多,高达5930亿美元。这些修正令人惊讶。

---

① 参见白宫:《2000财年中期回顾》,1999年6月。

② 图10.1和图10.2的数据来源于国会预算办公室出版的一系列《预算及经济展望》。在每一个数据上,我们选择的是国会预算办公室的财政盈余预测结果。国会预算办公室的假设基于1997年财政预算协议中自主性支出的上限,这最后被证实是有偏误的。

图 10.1　1997～2002 财年 CBO 财政盈余预测变化图

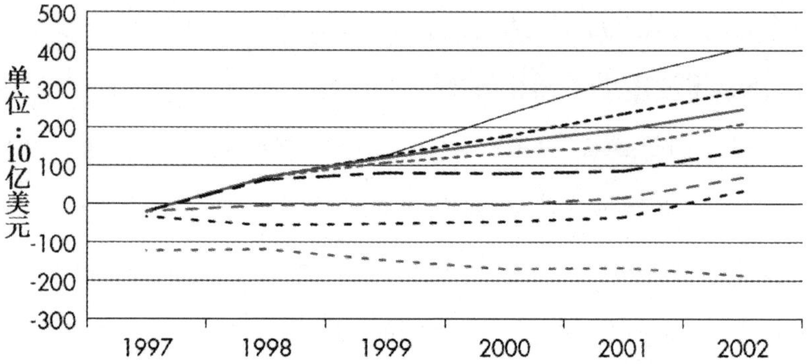

数据来源：国会预算办公室。

图 10.2 把这些向上的修正分解成三部分来源：法律或政策变化，对经济预测的变化和技术修正（“technical revisions”）。从该图可以清晰地看出，包括 1997 年预算协议在内的政策变化并不是财政预算状况改善的根源。实际上，在 2000 财年和 2001 财年，政策变化对财政赤字的影响微乎其微。

图 10.2　1997 年 1 月至 2000 年 7 月 CBO 预算盈余预测变化的来源占比

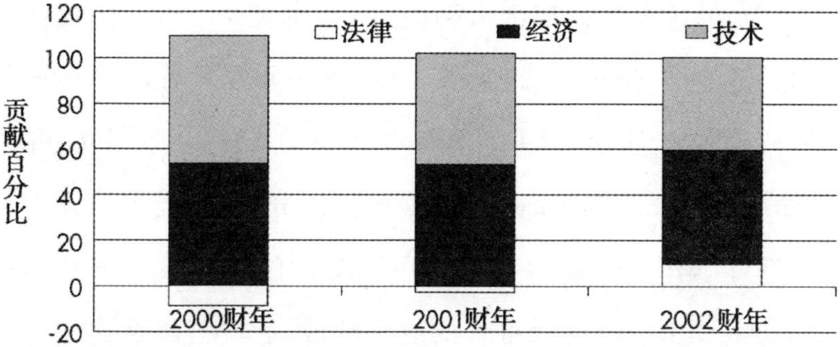

数据来源：国会预算办公室。

超预期的预算中有将近一半反映了美国国会预算办公室（CBO）对于美国经济表现改善的预期。例如：

· 预测的潜在产出增长率由约 2.1% 涨到约 3%；

· 基于之前的超预期产出反映出了潜在产出永久性增长而不仅仅是阶段性的影响的假设，潜在 GDP 的基准水平屡次被上调；

· 假设的 NAIRU 从 1997 年的 5.8% 降到 2000 年 7 月的 5.1%；

· 调高了应税收入在 GDP 中所占的比重预测值，部分是由于工资收入中免税福利的意外减少。

实际上，我们之前所讨论的很多幸运因素同样利于预算前景的改善。

其余的预算超预期部分归因于“技术变化”——主要指税收与关键经济变量函数的上移。为什么税收收入对 GDP 的函数向上移动如此显著？国会预算办公室之后运用美国税务局(Internal Revenue Service)的数据所做的分析显示，以下几个因素都发挥了作用。资本利得的强劲增长使应税收入增长超过 GDP 增长、401(K)计划带来的更多的收入分配，以及之前讨论过的免税福利增长减缓。总税收对调整后收益总额(AGI)之比也同样大幅增长，这主要归因于税级攀升(bracket creep)以及高收入纳税人超比例的强劲收入增长，尤其是奖金、股票期权和合伙收入。例如，调整后收益总额超过 20 万美元的纳税人所占比例由 1993 年的 14.5% 增长到 1998 年的 20.6%，并且他们在税负中所占份额由 29.8% 增长到 39.8%。这一切促成了联邦收入与 GDP 的占比这一比率在 1994 年到 2000 年间增长了约 2.5 个百分点，尽管在 1997 年有过减税。[①]在 2000 年总统竞选及之后，实际税率的增长成为一个主要的政治问题。

关于财政政策的最后一个宏观经济问题是关于 1999 年通过

---

① 参见国会预算办公室：《预算及经济展望：2001 ~ 2010 财年》，2000 年 1 月，第 52 ~ 58 页。

的预算规则在未来盈余及国民储蓄趋势方面可能产生的影响。在 1999 年 11 月通过的预算法中,国会和政府从基础上改变了财政政策模式,即将社会保障盈余(当时大约 1250 亿美元)移出表外并且该部分资金变成不可触碰的资金。[①] 出人意料的是,几乎没有任何夸耀或辩论,财政门槛由此被大幅提高了。比尔·克林顿(Bill Clinton)于 1993 年就职时,“平衡预算”是指消除包括社会保障盈余在内的统一预算上的赤字。而不包括社会保障在内的平衡预算这一更严格的目标是不可想象的。然而,现在“平衡预算”恰恰就是这么定义的。[②]

2000 财年,预算外盈余达到 1500 亿美元,到 2011 年预计将增长到 3310 亿美元,这一概念上的变化实际上意味着向刺激公

---

① 除了社会保障,预算外盈余还包括在邮电业(Postal Service)上的收入和支出。在这本书写作时,对于乔治·沃克·布什总统(President George W. Bush)的预算请求(包括他的大规模税收减免)是否可以被适应并且不“侵犯”社会保障盈余方面有很多争论。

② 在 2000 年预算的中期回顾中,克林顿政府提出把联邦医疗保险(Medicare)中的医院保险基金(Hospital Insurance Fund)同样置于预算外(目前,联邦医疗保险是在预算内的)。之后,总统候选人阿尔·戈尔(Al Gore)和国会两党都积极支持这一提案。但那时的候选人乔治·沃克·布什并没有。

众储蓄迈出了一大步。[①]如果将来国会可以成功避免预算内赤字,新的财政基准将会带来统一的预算盈余,在十年内将在国内生产总值(GDP)的1.5%到2%比例区间内变动,直到婴儿潮的一代开始退休。[②]

然而,1997年到2001年的预算超预期大到足以使联邦预算盈余水平大大提高。国会预算办公室此时预测预算内盈余将从2000年的860亿美元增长到2011年的令人难以置信的5580亿美元——在未来十年一共3.1万亿。当然,如何最好的利用这些巨额的预算内盈余,理所当然的成为财政新规则下的政治议题的核心。这些财政盈余应该被用于减税、新的支出举措、作为社会保障和联邦医疗保险的金融支持,还是用于偿还更多的债务?[③]乔治·沃克·布什总统在2001年5月实行了大规模减税,这是他的首要目标并辩称潜在的盈余大大增加了该法案的可操

① 参见国会预算办公室:《预算及经济展望:2002~2011财年》,2001年1月,表1-1,第2页。这些估计假设可自由支配支出以通胀率的速度增长。

② 一个足够大的衰退会使目前的预算内盈余收缩或转向赤字。如果这种事件发生,国会也许会决定废除新的预算规则。

③ 在国会预算办公室的限制基线下,提出的任何一个超出1997年限制的拨款提议都被视为“新支出”,尽管它们只是保证实际的可自由支配支出不减少。

作性。

两党在2000年达成了确保社保(联邦医保)盈余不受干扰的一致协议,对这一协议的虽有讽刺意味但可能更准确的解释是,这一协议是两党争夺政策优先权僵局的产物。共和党支持减税;民主党则更倾向增加新的项目开支;由于两党关于上述两种政策均未达成一致,财政盈余累积起来,并被用来偿还债务。将盈余放置在锁箱中在未来还有一个在政治上的好处是使它们无法被对手政党所利用(否则他们可以通过召集国会的大多数席位的方式去动用)。也许最出人意料的是,在2000年选举活动及以后的选票中可以看出,选民都被减轻国家债务这一战略所吸引,比起减税他们更支持减轻债务。当然,在这本书即将出版的时候,对这一问题仍有很多争论。尽管如此,布什总统在2001年成功说服国会推行了他的大规模减税政策。

不管它的政治动机是什么,在婴儿潮一代退休之前的这十年所出现的大量的预算盈余也许对于长期的公共资金支持是非常有益的。这些盈余促进了国民储蓄和资本形成,有助于维持更快的生产率增长。使用盈余来清偿国债同样意味着联邦预算将可以在婴儿潮一代退休之前保持较低的利息负担,这就使预算留出了更多的经费来用于社会保障和联邦医疗保险。先前,经济学家和其他一些人对于在没有国债作为基准的前提下金融市场该如何运作、当债务还清后美联储该如何执行货币政策以及联邦政府是否应该以及如何获得私人资产等问题都有过争论。[①]我们将这些引人注目的话题交给下个十年的宏观经济编年史学家去分析吧。

---

① 关于前两个问题,参见文森特·莱茵哈特(Vincent Reinhart)和布莱恩·赛克(Brian Sack):"政府债务消失的经济后果",载《布鲁金斯经济活动论文集》2(2000),第163~209页。关于最后的问题,艾伦·格林斯潘主席在2001年1月曾指出联邦政府不应该获得私人资产,减税更好,这曾造成一时轰动。

十一、结　论

——政策的经验教训

极具耐心的读者已经跟随我们阅读了漫长的历史分析，其中充斥着大量数据和事实细节，再加上一些计量经济模型模拟。我们之所以用这样长的篇幅去讲述这个故事是为了让读者理解这段时期的重要性。毕竟，它是美国经济史中一个伟大的光辉时刻，并且我们希望能够再现这样的时刻。但是我们要怎样来实现呢？政策制定者应该从过往的故事中领悟到什么呢？这些将是本章我们要讲述的内容。

小结

首先，我将按顺序对这个故事进行简要概述，使我们能看到前文细节所组成的全景。

令人惊艳的十年大概从1992年、1993年开始，在一系列有利的情况下应运而生：包括得益于1990年预算协议，重塑财政自律的过程已准备就绪；货币政策坚实地推进经济增长；许多美国产业已经经历了深度重组；经济增长势头良好。幸运的是，在比尔·克林顿和艾伦·格林斯潘带领下的美国政策制定者，很明智地利用了这个机遇继续整顿财政并维持极度宽松的货币政策直到1994年年初。紧缩的财政政策和宽松的货币政策这一政策组合协作推行，不仅推动了GDP的增长，而且使投资迅速变成GDP增长的支柱。

当经济积攒了足够的前进动力后，1995年美联储巧妙地把它的脚从油门移开，轻轻踩向了刹车，以实现人们常说的经济软着陆。这一成功的微调颠覆了之前的历史：大多数之前的紧缩货币政策都导致了衰退。虽然美联储的政策转换的巧妙性是毫无疑问的，但美联储也很幸运，1994年至1995年间，没有任何重大的冲击来破坏它试图实现的经济软着陆。民间有句谚语说："我宁愿靠运气而不是靠能力。"美联储二者兼有。

从1995年至1996年起，美国经济迎来了所有人都未曾预料到的一系列有利的供给冲击(favorable supply shocks)。这些供给冲击中最重要的是生产率的加速提升,也标志着备受褒奖的所谓新经济的到来。在传统定义中,劳动生产率的提高来源于两个方面:技术进步和资本深化。二者都在20世纪90年代末得到了加速发展。资本深化加速发展的一部分原因得益于政策组合的变化——毕竟,紧缩的财政预算和宽松的货币政策这一组合的基本目标就是增加投资。信息技术的蓬勃发展则可能通过降低资本成本的方式,在促进全要素生产率增长和资本深化方面做出了更大的贡献。信息技术进步毫无疑问也推动了股票市场的飙升,股市在1999～2000年间上升到了难以置信的高度。

然而,技术的飞速进步并不是唯一有利的供给冲击。1994年和1995年附加福利的成本(尤其是医疗保险)大幅下降,缓和了工资结算问题,也许还移动了菲利普斯曲线。1995年至1998年美元价值飙升,压低了进口产品的价格。原油价格自1997年起直到1998年稳步下跌。并且,比所有这些好消息更重要的是,数据的修正提高了实际经济增长率并降低了测算的通货膨胀率,这使得经济看起来比实际更好——虽然实际的经济状况已经足够好了。

像这样的有利的供给冲击使一国可以同时实现低通胀和实际GDP的高速增长。重要的是,无论是刻意而为还是偶然原因,美联储在支持更快的经济增长和更低的失业率上慷慨大方。它做到这些主要是靠按兵不动,而非宽松的货币政策。事实上,美国联邦公开市场委员会从 1996 年 1 月起直到 1998 年 9 月一直保持联邦基金利率基本不变。

这么多积极的进展——尤其是高速的经济增长以及繁荣的股市——也使得联邦预算状况得到了显著好转:从 1995 年度的 1640 亿美元赤字转为 2000 年度的 2360 亿美元盈余。

在写本书时,美联储正努力在五年内实现经济的第二次软着陆。如果这个目标可以实现的话,那将真的很了不起。但是美联储遇到了麻烦。股市已经下跌,2001 年上半年的经济增长看起来也极度疲弱。①

给决策者的五条经验

也许从这一时期得到的最显而易见的经验就是当显著的有利的供给冲击到来时,做美国的总统或美联储的主席是再聪明不过了。但是这建议并不实用。那么,从这令人惊艳的十年中,未来的决策者可以得到什么其他的经验呢?我们想暂且提醒(未来的决策者)五个需要注意的问题。

---

① 在这本书出版的时候(数据应已被修正),自 2000 年的最后两个季度至 2001 年的第一个季度期间的实际 GDP 年化平均增长率仅为 1.5%。

第一条经验是我们已经数次提到的关于财政货币政策组合的著名观点：紧缩政府预算并且一定程度上放松货币政策可以压低实际利率，创造一个刺激投资的宏观经济环境。所产生的高投资率之后会推高生产率和实际工资水平。经济学家传播这个信条已经有数十年。而在 20 世纪 90 年代的美国，当 20 世纪 80 年代的减税和紧缩的货币政策组合最终果断地被反向操作后这一切似乎都顺理成章的实现了（实际上实现的相当好）。

但是这一政策组合真的推动了 90 年代的投资高涨么？我们使用的两个宏观计量模型对此表示怀疑。一个主要的原因是教科书通常遗漏了一个传导途径：当低利率刺激了投资支出时，它们同样推高了股票市场价格，这反过来会通过财富效应进一步刺激消费，这比对投资的刺激还要显著[①]。尤其是，当我们模拟紧缩预算，同时采取放松货币来保持失业率稳定对经济的影响，模拟结果显示大部分政府储蓄的增加被个人储蓄的降低所抵消，使得投资在 GDP 中所占份额只有略微上升。看起来投资的主要推动力似乎来自生产率的激增。

然而，潜在的事实可能比模型认识到的更复杂。例如，尽管

---

① 这只是部分的被股价越高公司资本成本越低这一事实抵消。

如模型显示的那样，更快的生产率增长毋庸置疑地促进了更多的投资和更快的GDP增长，快速增长、高投资的经济体也许同样会加速（或体现出）技术进步。为什么信息技术的爆发在美国产生了如此丰厚的生产率红利，但是在欧洲和日本却没有呢？毕竟，信息技术的爆发是一个全球现象。

第二条经验与“我们通常认为紧缩的财政政策未必一定对经济增长造成伤害”这一观点有关。原因之一已经暗含在我们刚才所讲内容中：扩张的货币政策可以抵消任何由预算削减和增税带来的需求减少的影响。但是1993年的预算协议似乎做到的不止这些，它似乎在没有放松货币政策的情况下就做到了刺激总需求的增长。由于预期未来赤字下降拉低了当时的长期利率水平，看起来，债券市场似乎为美联储完成了这个工作。

但是“未必”并不等同于“不会”。之前我们提到，是一系列的偶然情况、市场心理以及预算协议的设计特点共同推进了1993年债券市场的回暖。我们不敢肯定这种情况会经常出现，因此我们也不肯定所有（或大部分）的财政紧缩对经济都是扩张性的。[①]然而，在各方面条件都成熟的情况下，这个效果是可以实

① 正如罗伯特·索洛（Robert Solow）提示我们的，那些提倡“削减政府支出可以扩张经济”的人从不会建议增加政府支出以缓和过热的经济。

现的,并且在1993年它已经实现了。

第三条经验同样是我们试验性地提倡的。鉴于20世纪90年代的经验,我们对于一个事实印象很深,那就是设计良好的财政政策可以有效地限制支出,很明显在美国的确如此。1990年的《财政预算执行法》设定了支出上限以及现收现付的规程,是这段历史中最重要的一个例子。当它替代了拙劣的格莱姆—罗德曼—霍林思法案时,一切开始变得井井有条。但是最近对于将社会保障置于"预算外"的决定,事实上意味着平衡预算的概念被重新定义了,我们相信,这将是另一个在即将到来的几年里(发挥重要作用)的样本。①尽管如此,我们必须承认,即使是精心设计的制度也可能会失去它的时效性。

在简单夸赞了好的制度的作用后,我们急于想补充一个观点,这令人惊艳的十年似乎也让一个曾经被多数经济学家认为在20世纪70年代就消亡的观点复活了。我们的**第四条经验**就是微调在现在看来至少是可能的。如果不是,我们便想想艾伦·

---

① 一篇最近的论文认为新的政治经济政策将大幅改变福利改革和其他预算政策对国民储蓄的影响。参见道格拉斯—埃尔蒙多夫(Douglas Elmendorf)和杰弗里·利布曼(Jeffrey Liebman):"预算盈余时代下的社会保障改革和国民储蓄",载《布鲁金斯经济活动论文集》2(2000)。

格林斯潘从1992年起到底做了什么。实际上,我们把格林斯潘视为历史上最伟大的微调者。然而同样,出于谨慎:声称一个事情可能实现,并不是断言它可以轻易地或者经常实现。成功的微调需要技巧和运气的完美结合,但这种组合很少同时出现①。艾伦·格林斯潘曾拥有了两者,而且充分拥有;其他人则一个也没有。一些人认为即使是格林斯潘,他的运气也会在1999年至2000年美联储的紧缩周期中被耗尽,因为一些评论认为1999年至2000年的紧缩周期进行的太过头。

此外,关于20世纪90年代的这段历史,没有任何一点可以使得我们对于财政微调政策的可行性持有乐观态度。沃尔特·赫勒(Walter Heller 1966)曾宣扬并试图在20世纪60年代实践这一政策。至少在美国,联邦预算制定过程看起来非常繁琐,高度政治化并且不太符合经济逻辑。国会用规则来束缚自己并不是毫无意义的。在经济学家眼中,有一个不断发展的心照不宣的共识,即需求管理应留给货币政策去解决,而财政政策应作为一个长期配置工具——虽然布什政府站在稳定政策的层面大幅

① 我们同样认为,透明度的增强可以使微调进行得更为顺利,可能对这一观点会有争议。自从1996年起,市场开始对于美联储的职责有越来越好的理解。结果是,长期利率通常被称为是"为美联储的目标而服务"。

减税以回击这一共识[①]。因为我们必须允许例外情况的存在，在不把这条原则抬高到铁律的高度的前提下，我们认为应该是货币政策，而不是财政政策，承担稳定经济的大部分责任，或者说至少在那些拥有独立的能力较强的央行的国家是这样。

这便引领我们进入**第五条经验**：要得到好的宏观经济结果，央行应有合理的目标，这一目标应包括对通胀率和失业率的抑制。在令人惊艳的十年期间，格林斯潘领导下的美联储显示出其更倾心于经济增长，和德国央行（Bundes bank）或者现在的欧洲央行等只追求物价的稳定的央行相比，美联储对经济增长的倾心程度更甚。诚然，20 世纪 90 年代后期有利的供给冲击很大程度上修补了联储公开市场委员会的政策缺口：虽然他们允许总需求高涨，但是通胀率下降了。重新思考一下美联储在 1996 年至 1998 年这一段幸运期间前后都做了什么。到 1995 年的秋天，格林斯潘已经担任美联储主席八个年头，在那段时期，通胀率从 4% 被打压到 3%。这是否表明了他一心一意致力于物价稳定的目标呢？在核心通胀率于 1999 年年末触底低于 2% 后，在

---

① 这个说法有点古怪，布什的税法提案在经济下滑的很早之前就已提出，并不是设计用来缓和经济下滑的。比如，在财政年度 2001 年和 2002 年税收减免的量就很小。

美联储没有采取任何明显努力压低通胀的情况下,通胀率又爬升了0.5个百分点(在写作这本书时)[①]。整体通胀率几乎翻倍,大部分是由于能源价格的上涨,而美联储基本上只是对此抱怨了一下而已。

我们认为,美联储对于通胀率和失业率的态度,尤其他们对供给冲击效应的拆分,能够颇好地解释"令人惊艳的十年"为何令人惊艳。

---

① 美联储非常清楚在1999年至2000年的紧缩周期中,它是意图减缓总需求比总供给增速水平,从而抑制通胀,而不是把通胀拽回2%。

图书在版编目(CIP)数据

令人惊艳的十年:二十世纪九十年代的宏观经济经验与教训 / (美)耶伦(Yellen,J. L.),(美)布林德(Blinder,A. S.)著;巴曙松等译.—北京:法律出版社,2014.5(2020.12 重印)

书名原文:The fabulous decade:macroeconomic lessons from the 1990s

ISBN 978-7-5118-6304-1

Ⅰ.①令… Ⅱ.①耶…②布…③巴… Ⅲ.①宏观经济—经济政策—研究—美国 Ⅳ.①F171.20

中国版本图书馆 CIP 数据核字(2014)第 073125 号

令人惊艳的十年:二十世纪九十年代的宏观经济经验与教训
LINGREN JINGYAN DE SHINIAN:ERSHI SHIJI JIUSHI NIANDAI DE HONGGUAN JINGJI JINGYAN YU JIAOXUN

[美]珍妮特·耶伦
[美]艾伦·布林德 著
巴曙松 白海峰 等译

责任编辑 韩满春
装帧设计 马 帅

出版 法律出版社
总发行 中国法律图书有限公司
经销 新华书店
印刷 固安华明印业有限公司
责任印制 陶 松

编辑统筹 学术·对外出版分社
开本 A5
印张 5.25
字数 73 千
版本 2014 年 6 月第 1 版
印次 2020 年 12 月第 3 次印刷

法律出版社/北京市丰台区莲花池西里 7 号(100073)
网址/www.lawpress.com.cn
投稿邮箱/info@lawpress.com.cn
举报维权邮箱/jbwq@lawpress.com.cn
销售热线/400-660-8393
咨询电话/010-63939796

中国法律图书有限公司/北京市丰台区莲花池西里 7 号(100073)
全国各地中法图分、子公司销售电话:
统一销售客服/400-660-8393/6393
第一法律书店/010-83938432/8433
西安分公司/029-85330678
重庆分公司/023-67453036
上海分公司/021-62071639/1636
深圳分公司/0755-83072995

书号:ISBN 978-7-5118-6304-1
定价:45.00 元
(如有缺页或倒装,中国法律图书有限公司负责退换)